미래 세대를 위한

키워드 기후 위기 이야기

미래 세대를 위한
키워드 기후 위기 이야기

제1판 제1쇄 발행일 2023년 6월 28일

글 _ 이상수
기획 _ 책도둑(박정훈, 박정식, 김민호)
디자인 _ 채홍디자인
펴낸이 _ 김은지
펴낸곳 _ 철수와영희
등록번호 _ 제319-2005-42호
주소 _ 서울시 마포구 월드컵로 65, 302호(망원동, 양경회관)
전화 _ 02) 332-0815
팩스 _ 02) 6003-1958
전자우편 _ chulsu815@hanmail.net

ISBN 979-11-88215-91-1 43300

철수와영희 출판사는 '어린이' 철수와 영희, '어른' 철수와 영희에게
도움 되는 책을 펴내기 위해 노력합니다.

미래 세대를 위한

키워드 기후 위기 이야기

글 이상수

철수와영희

기후 위기로 바라본 세상 이야기

비행기는 기온이 높아질수록 날아오르는 힘이 약해져요. 비행기를 날아오르게 하는 힘을 양력이라고 하는데 기온이 3도 증가할 때마다 양력은 1퍼센트씩 감소한다고 해요. 줄어든 양력은 활주로의 길이에 영향을 미쳐요. 20도 기온에서 비행기가 날아오르기 위해서는 2000미터 길이의 활주로가 필요한데 40도에서는 2500미터의 활주로가 필요하다고 해요. 양력이 줄어든 만큼 활주로가 길어져야 하는 거예요. 최근 지구의 평균 기온이 급격히 오르면서 폭염은 더욱 거세지고 있어요. 활주로의 길이를 늘리지 않으면 폭염 때문에 비행기가 이륙하지 못할 수도 있어요. 기후 위기의 나비효과가 비행기의 양력과 활주로 길이에까지 영향을 미치고 있는 거예요.

우리 일상에서 벌어지는 많은 변화가 기후 위기와 이어져 있어요. 하지만 우리는 이러한 사실을 깨닫지 못하고 있어요. 사람들은 한겨울인 12월까지 모기가 극성을 부려도, 지구 반대편에서 카카오나무와 커피나무의 서식지가 줄어들고 있어도 그 이유를 궁금해하지 않아요. 기후 위기로 생태계가 파괴되면서 숲과 바다, 습지, 극지방에서 살아가는 뭇 생명이 사라지고 있지만 그 때문에 나의 삶도 무너질 수 있다고 생각하지는 않아요.

하지만 기후 위기는 우리의 문 앞까지 들이닥쳤어요. 해수면의 급격한 상승은 뉴욕을 포함한 전 세계 해안가 도시를 위협하고 있어요. 바닷물은 어느새 우리의 턱밑까지 차올랐어요. 해수면 상승이 미래의 어느 시점에 폭우와 결합한다면 그 피해는 급증할 수 있어요. 먼 나라 이야기가 아니라 우리의 일상이 될 수 있어요. 기후 위기는 이제 우리가 살고 있는 세상을 이해하는 가장 강력한 도구가 되었어요.

『미래 세대를 위한 키워드 기후 위기 이야기』는 기후 위기로 바라본 세상 이야기예요. 우리 시대의 환경, 생태, 에너지, 과학, 도시, 문화, 정치, 경제, 농업, 미래 세대를 기후 위기라는 관점으로 바라보았어요. 기후 위기가 이들 영역에서 어떤 영향을 미치는지 또 우리는 어떻게 대응하고 적응해야 할지 다양한 키워드로 짚어 보았어요. 예술, 건강, 세금 등 기존에 많이 다루지 않았던 분야까지 아우르면서 키워드 중심으로 개념을 설명하고, 관련된 에피소드를 추가하여 이해를 도왔어요.

이 책을 길잡이 삼아 따라가다 보면 여러분이 어떻게 현재를 바라보고 미래에 지혜롭게 대처할지 어렴풋이나마 방향을 잡을 수 있을 거예요. 이 책이 여러분의 미래를 여는 소중한 열쇠가 되기를 기대해요.

이상수 드림

차례

2장. 생태

3장. 에너지와 과학

4장. 도시와 사회

5장. 정치와 경제

6장. 농사와 미래 세대

Keyword

1장

환경

· ·

❶ 온실가스

> 온실가스란, 온실 효과를 일으키는 기체를 말해요.
>
> 유리 온실이 내부에 열을 가둬 따뜻해지는 원리를 온실 효과라고 해요. 온실가스는 공기로 만든 담요와 같아서 지구 밖으로 열이 빠져나가는 걸 막아요. 담요가 두꺼워지면 더워지듯이 지구를 감싸고 있는 온실가스가 많아질수록 지구의 평균 기온이 올라가요.

온실가스에는 이산화탄소와 메탄, 아산화질소 등이 있어요. 특히 이산화탄소는 대표적인 온실가스로서, 수백 년 이상 공기층에 남아 온실 효과를 일으킬 수 있어요. 흔히 '탄소'라고 하면 이산화탄소나 온실가스를 가리켜요.

온실가스가 나쁜 것만은 아니에요. 온실가스의 온실 효과 덕분에 지구는 차가운 행성이 아니에요. 지구의 생명체는 자

Keyword

연적으로 변하는 온실가스 농도에 맞춰 적응하고 또 진화해 왔어요. 온실가스가 사라진다면 지구는 지금보다 30도 이상 기온이 떨어지고 겨울 왕국이 될 거예요.

문제가 되는 것은 인간 활동에 의해 과도하게 배출되는 온실가스예요. 화력 발전소와 건축, 철강, 교통, 축산 등의 산업 분야, 그리고 숲의 파괴 등으로 온실가스가 대량 배출되고 있어요. 게다가 온실가스가 너무 빠르게 쌓이고 있어요. 지금처럼 온실가스 농도가 빠르게 증가하고 여기에 반응해 지구의 평균 기온이 급격히 올라가면, 변화된 환경에 적응하지 못한 생명들은 큰 피해를 입을 수밖에 없어요. 이미 지난 100여 년 동안 수십만 종의 생물이 기온 상승으로 멸종했어요. 우리 인류도 예외일 수 없어요.

EP.1 테라포밍

    지구 밖의 행성을 인간이 살 수 있는 환경으로 바꾸는 것을 테라포밍Terraforming, 지구화이라고 해요. 예를 들어, 화성을 제2의 지구로 만드는 거예요. 화성은 평균 기온이 영하 63도에 달할 정도로 매우 추운 곳이에요. 햇빛이 비추지 않는 극지방은 영하 140도까지 떨어지기도 해요. 화성에서 사람이 거주하려면 우선 기온을 올려야 해요. 화성의 기온을 끌어올릴 가장 확실한 방법은 공기층의 온실가스를 늘리는 거예요.

    많은 사람들이 화성의 기온을 올릴 방법을 생각해 냈어요. 여기에 우주 탐사 기업 스페이스X의 창업자인 일론 머스크도 황당한 아이디어를 보탠 바 있어요. 미국의 한 TV 토크쇼에 출연한 머스크는 핵폭탄 1만 개 이상을 지구에서 쏘아 올려 화성의 극지방에 투하해야 한다고 주장했어요. 그는 핵폭발의 막대한 열에너지가 극지방의 만년설을 녹이고 그 안에 갇혀 있던 이산화탄소가 대량 방출되면서 화성의 기온이 단기간에 오를 수 있다고 주장했죠. 쉽게 말해, 핵폭탄으로 화성 온난화를 일으키자는 거예요.

　현재 미국과 러시아, 프랑스, 영국, 중국, 인도 등이 보유한 핵미사일은 1만 3000기가 넘어요. 세계가 협력하면 1만 기 이상의 핵폭탄을 화성으로 보낼 수 있어요. 하지만 핵미사일의 발사 버튼을 누르기 전에, 무엇을 위해 화성을 방사능으로 오염시키려는 것인지 생각해 봐야 해요. 아무리 웃자고 한 얘기라 해도, 방사능으로 쑥대밭이 된 화성에 집을 짓고 텃밭을 일구며 가축을 기르고 가족과 함께 살아갈 수 있을지, 또 그것이 무슨 의미가 있는지 생각해 볼 필요가 있어요.

❷ 기후 위기

기후 위기란, 급격한 기후의 변화로 생기는 모든 현상을 말해요.

온실가스가 쌓이면서 지구의 평균 기온이 급격히 상승했어요. 과학자들은 '기후 변화'라는 부드러운 단어가 심각한 기후 상황을 제대로 담아내지 못한다며 새로운 용어로 '기후 위기'를 제안했어요. 2019년 5월, 영국의 일간지 《가디언》을 시작으로 많은 언론이 '기후 위기'라는 표현을 사용하기 시작했어요.

날씨는 하루 동안의 온도와 습도, 바람 등의 상태이고, 기후는 30년 정도의 평균 날씨예요. 날씨가 모여 기후가 돼요. 기후가 변하면 날씨는 크게 달라져요.

기후 위기로 폭염과 혹한, 가뭄과 홍수, 산불 등의 기상이변이 과거보다 더 자주 그리고 더 세게 일어나고 있어요. 2021년,

Keyword

세계기상기구WMO는 기후와 관련된 재해가 지난 50년 동안 5배 늘었다고 밝혔어요. 2019년 호주에서 발생한 산불은 6개월 동안 꺼지지 않아 우리나라만 한 숲을 태운 바 있어요. 2022년 여름, 파키스탄은 대규모 홍수로 국토의 3분의 1이 물에 잠기고 수천만 명이 고향을 등져야 했어요.

마지막 빙하기가 끝난 후 1만 년 동안 지구의 기온은 4도가 올랐어요. 기온 상승이 멈추고 기후가 안정되자 인류는 농사를 짓고 문명을 일으켰어요. 하지만 지난 100여 년 동안 기온은 1도 이상 올랐어요. 1만 년 동안 4도가 오른 것과 비교하면 수십 배나 빠른 속도예요. 30만 년 전에 나타난 현생 인류인 호모 사피엔스는 이렇게 빠르게 상승하는 기후를 경험해 본 적이 없어요. 기후 위기가 인류의 위기인 이유가 여기에 있어요.

EP.2 프랑켄슈타인의 탄생

1816년은 유럽 역사에서 '여름이 없는 해'로 기록되었어요. 한여름에도 서리가 내릴 정도였어요. 이상한 날씨의 원인은 인도네시아의 탐보라 화산 폭발 때문이었어요. 화산 분출물은 하늘로 치솟아 우산처럼 햇빛을 가렸어요. 햇빛 부족으로 작물이 제대로 자라지 못해 식량 파동이 일어났어요. 여기저기 감염병이 돌고 민심이 나빠지면서 유럽 곳곳에서 무장 봉기가 일어났어요.

그해 여름, 스위스의 어느 별장에 영국의 소설가 메리 셸리와 친구들이 묵고 있었어요. 메리의 연인이자 당시 떠오르는 시인 퍼시 셸리, 영국의 낭만파를 대표하는 시인 바이런과 그의 친구 폴리도리가 함께 있었어요. 이들은 낮에도 천둥 번개가 치고 비가 멈추지 않자 그만 별장 안에 꼼짝없이 갇혔어요. 이때 바이런이 재밌는 놀이를 제안했어요. 무서운 이야기를 각자 하나씩 지어내 발표하는, 이른바 심야 괴담 창작 놀이였어요.

　사람들은 밖에 나갈 수 없어 갑갑하던 차에 잘됐다 싶었어요. 메리는 자신의 발표 순서가 되자, 전기 충격으로 살려 낸 시체 이야기를 꺼냈어요. 과학의 힘으로 괴생명체를 탄생시킨다는 이야기에 흥미를 느낀 퍼시와 바이런은 메리에게 그 이야기를 소설로 써 볼 것을 권유했어요. 친구들의 격려에 용기를 얻은 메리는 2년 뒤 책을 냈어요. 오늘날 최초의 공상 과학 소설로 인정받는 『프랑켄슈타인』은 그렇게 탄생했어요. 이듬해 폴리도리도 흡혈귀가 등장하는 최초의 소설 『뱀파이어』를 발표했어요. 폭풍우가 몰아치던 한여름 밤에, 메리와 폴리도리가 기괴한 이야기를 떠올린 것은 그해의 이상한 날씨와 무관하지 않을 거예요.

❸ 탄소 발자국

탄소 발자국이란, 우리가 어떤 상품을 만들고 사용하며 버리는 동안 발생시킨 이산화탄소의 총량을 말해요.

눈 위를 걸으면 발자국이 남아요. 탄소 발자국은 인간이 지구 환경에 남기는 흔적이에요. 어떤 상품이 생산, 유통, 소비, 폐기되는 전 과정에서 발생하는 온실가스를 이산화탄소의 양으로 바꾸어 표시한 것이 탄소 발자국이에요.

예를 들어, 감자와 콜라를 곁들인 햄버거 세트 하나의 탄소 발자국은 3.7킬로그램이라고 해요. 소고기 패티와 치즈, 빵, 감자, 콜라, 채소 등으로 만들어진 햄버거 세트에서는 이산화탄소 3.7킬로그램이 배출돼요. 옷이 생산, 유통, 소비, 폐기되는 과정에서도 이산화탄소가 나와요. 청바지의 경우 옷 무게의 33배, 일반 면 티셔츠는 15배의 이산화탄소가 배출된다고

Keyword

해요.

개인 차원에서 탄소 발자국을 줄이는 최고의 방법 중 하나는 고기를 덜 먹는 거예요. 축산업이 배출하는 온실가스는 전체 배출량의 14퍼센트가 넘는다고 해요. 또한 옷을 덜 사고 물건을 오래 사용하는 것도 공장에서 그만큼 상품을 덜 생산하기 때문에 온실가스를 줄일 수 있어요. 하지만 개인들이 줄일 수 있는 온실가스의 양은 생각보다 많지 않아요.

우리나라 온실가스 배출량의 4분의 3 이상은 기업이 배출하는 거예요. 최근 세계의 무역 환경은 온실가스를 덜 배출하는 기업에 유리한 쪽으로 급격하게 변하고 있어요. 기업 스스로 온실가스 배출을 줄여야 해요. 정부도 온실가스 배출을 줄이기 위해 노력하는 기업을 적극 지원하되, 온실가스를 대량 배출하는 기업에는 책임을 묻는 장치도 함께 마련해야 해요.

EP.3 물 발자국

    물 발자국이란, 상품의 생산과 유통, 소비, 폐기에 이르는 동안 사용된 물의 총량을 말해요. 탄소 발자국처럼 인간이 지구 환경에 끼치는 영향을 보여 주는 환경 발자국 중 하나예요. 물 발자국이 크다는 것은 물 소비량이 많다는 것을 의미해요.

    국제 환경 단체인 '물 발자국 네트워크Water footprint network' 에 따르면, 고기는 채소보다 물 소비량이 많아요. 채소 1킬로 그램의 물 발자국이 평균 322리터인 반면, 닭고기는 4300리터, 돼지고기는 6000리터이고 소고기는 무려 1만 5400리터에 달해요. 햄버거 하나가 우리 손에 쥐어질 때까지 2.4톤의 물이 사용된다고 해요. 고기가 채소보다 물 소비량이 높은 이유는 가축이 직접적으로 먹는 물의 양이 많다기보다 사료의 재배, 가공, 유통과 폐기물 처리 등 간접적인 과정에서 많은 물이 사용되기 때문이에요.

Episode

    기후 위기로 폭염과 가뭄이 늘면서 물 부족은 전 세계적인 현상이 되었어요. 안전하게 마실 수 있는 깨끗한 물도 점점 줄고 있어요. 우리나라의 연간 강수량은 1300밀리미터로 세계 평균보다 1.6배 많은 편이에요. 하지만 1인당 이용 가능한 수자원량은 1453세제곱미터로 일본의 3362세제곱미터나 중국의 2128세제곱미터보다 적고 우리나라의 물 부족은 앞으로 더욱 심해질 거라고 해요.

    물 부족을 막는 방법은 물 발자국을 줄이는 거예요. 먹거리를 필요한 만큼 사서 남기지 않는 습관이 무엇보다 중요해요. 고기를 덜 먹고 가끔씩 채식 식단을 꾸리며, 갖고 있는 옷이나 물건을 고쳐서 오래 사용하는 것은 물 발자국을 줄이는 데 큰 힘이 될 거예요.

❹ 탄소중립

탄소중립이란, 인간 활동으로 배출되는 온실가스와 자연 생태계가 흡수하는 온실가스의 양이 같아지는 것을 말해요.

2019년에 전 세계가 배출한 온실가스를 이산화탄소로 바꿔 계산하면 600억 톤에 해당해요. 하지만 숲과 바다, 습지 등 자연 생태계가 흡수한 온실가스는 그 절반에 그치고 있어요. 세계 각국이 선언한 '2050 탄소중립'은 2050년이 되기 전까지 실질적으로 배출되는 온실가스의 양을 제로[0]로 만드는 것을 의미해요.

 기후 위기는 어느 한 나라의 문제가 아니에요. 전 세계 138개 국이 탄소중립을 선언하고 그 실천에 나선 이유예요. 2020년 우리나라도 2050년까지 탄소중립을 달성하겠다고 선언했고 이를 위해 2030년까지 온실가스 배출량을 2018년에 비해 40

퍼센트 이상 줄이기로 국제 사회와 약속했어요.

기후 위기에 대응하는 방법 중 하나는 온실가스 감축이에요. 감축이란, 온실가스의 배출을 줄이고 이미 배출된 온실가스는 흡수하는 거예요. 온실가스의 배출을 줄이는 방법은 화석 연료에 의존하는 에너지와 산업 구조를 태양광이나 풍력 등의 재생 에너지 중심으로 전환하는 거예요. 하지만 이것만으로는 부족해요. 인간이 배출하는 온실가스의 양은 이미 지구 환경이 흡수할 수 있는 한계를 넘어섰기 때문이에요. 따라서 온실가스를 흡수하는 숲과 바다, 습지 등 자연 생태계를 잘 가꾸고 보호하며 더욱 넓혀 나가려는 노력이 반드시 필요해요.

온실가스를 마음껏 배출할 자유는 누구에게도 없어요. 공기는 인류의 공공 자원이에요. 2050 탄소중립 달성을 위해 시민과 기업, 각국 정부의 노력이 그 어느 때보다 절실해요.

EP.4 <u>티핑포인트</u>

티핑포인트란, 변화의 결정적인 순간을 말해요. 물잔에 물이 차오르다가 마지막 한 방울이 더해지면 넘치듯, 작은 변화가 모여 돌이킬 수 없는 상태로 변하는 순간이 티핑포인트예요. 예컨대, 비행기의 티핑포인트는 이륙한 곳으로 다시 돌아갈 수 없는 지점이에요. 연료가 절반도 남지 않았다면 출발 지점으로 되돌아갈 수 없어요. 기후 위기에서 티핑포인트는 지구가 더워지기 이전의 상태로 되돌릴 수 없는 순간을 의미해요.

지구의 평균 기온은 산업혁명 이전보다 1.1도가 상승했어요. 지난 100여 년 동안 공기층에 쌓인 이산화탄소는 1조 톤이 넘어요. 오늘날 인류는 그 어느 때보다 많은 온실가스를 배출하고 있어요. 그런데 지금의 1.1도 상승은 최근에 배출된 온실가스 때문만은 아니에요. 산업혁명 이후 누적된 온실가스의 영향이 더 커요. 특히 이산화탄소는 공기층에 수백 년 이상 머물며 온실 효과를 일으킬 수 있어 큰 문제가 되고 있어요.

Episode

　과학자들은 기온이 1.5도 높아지는 순간을 기후 위기의 티핑포인트로 보고 있어요. 티핑포인트에 도달하면 더 이상 온실가스를 배출하지 않아도 기온은 올라가요. 온실가스가 사라진 것이 아니기 때문이에요. 최근 연구에 따르면, 2040년이 되기 전에 1.5도를 넘길 가능성이 높다고 해요. 물론 1.5도 상승이 우리가 당장 벼랑으로 떨어지는 것을 의미하지는 않아요. 하지만 폭염과 가뭄 등 이상 기후 현상이 더 자주, 더 세게 일어날 것은 분명해요. 만약의 경우에 1.5도를 넘긴다 해도 기후 위기를 늦추려는 노력을 멈추면 안 돼요. 공기층의 온실가스가 줄지 않는 한 기후 위기는 계속될 테니까요.

⑤ 인류세

인류세Anthropocene란, 인류가 빚어낸 새로운 지질 시대를 말해요.

2000년에 대기화학자 파울 크뤼천은 '우리는 이제 홀로세 Holocene가 아니라 인류세를 살고 있다.'고 주장했어요. 현재 우리는 1만 년 전부터 시작된 신생대 제4기인 홀로세를 살고 있으며, 인류세는 공식적인 지질 시대가 아니에요. 하지만 이산화탄소와 플라스틱, 방사능 등 인류가 지구에 남기는 거대한 발자취가 지질 시대에 버금갈 정도로 뚜렷하기 때문에 인류세라는 개념은 많은 사람들로부터 지지를 받고 있어요.

2020년 이스라엘의 와이즈만 과학연구소가 과학 잡지 《네이처》에 발표한 바에 따르면, 인간이 만든 건물과 자동차, 스마트폰 등 인공물의 무게가 1조 1000억 톤이라고 해요. 1900년에 인

Keyword

공물의 무게가 지구 생물의 3퍼센트였으나 2020년에는 생물 전체의 무게를 넘어섰다고 해요. 플라스틱만 해도 83억 톤으로 동물 전체의 무게보다 2배나 무겁다고 해요.

　인간은 생물종의 하나일 뿐이지만 지구 환경에 막대한 영향을 끼쳤어요. 농업혁명을 일으켜 숲과 땅을 파괴했고 그 과정에서 식물의 무게를 1조 톤이나 감소시켰어요. 또한 인간은 공기층에 막대한 양의 이산화탄소를 내뿜고 각종 쓰레기와 시멘트, 플라스틱, 방사능 폐기물로 땅속을 채우고 있어요. 지금과 같은 속도라면 2040년에 인공물 전체의 무게가 3조 톤을 넘길지 모른다는 전망도 나오고 있어요.

　하지만 시멘트와 플라스틱, 방사능으로 오염된 땅과 바다, 얼음이 사라진 북극해가 인류세의 유일한 기록은 아니에요. 기후 시스템을 변화시켜 스스로를 위험에 빠뜨린 우리 자신이 어쩌면, 인류세의 부정할 수 없는 증거일 거예요.

EP.5 <u>닭의 행성</u>

　인간이 사라진 먼 미래, 외계인이 지구를 방문해 지층을 관찰한다면 이렇게 말할지 몰라요. "지구는 닭의 행성이었으며 그들은 플라스틱과 방사능에 둘러싸여 살아갔다."

　해마다 전 세계에서 도축되는 닭은 650억 마리가 넘어요. 땅에 묻히는 닭뼈의 양이 어마어마해요. 고생대 지층을 파면 삼엽충이 나오고, 중생대 지층에선 공룡이 나와요. 하지만 훗날 우리 시대의 지층을 파헤치면 닭뼈 화석이 무더기로 나올 거예요. 외계인이 지구를 닭의 행성으로 오해할 만해요.

　해마다 63억 톤 이상의 플라스틱이 땅속에 묻히고 있어요. 플라스틱이 분해되려면 수백 년 이상 걸려요. 인류가 만든 최초의 플라스틱이 아직도 썩지 않고 있어요. 핵 발전소에서 배출되는 핵폐기물 또한 자연으로 돌아가려면 짧게는 수백 년, 길게는 수십만 년 이상 걸려요. 핵폐기물은 인류 문명이 사라진 후에도 지층에 남아 방사선을 내뿜을 것이 확실해요.

Episode

　38억 년 된 지구 생명의 역사에서 이토록 짧은 시간 안에 거대한 발자취를 남긴 생명체는 인류 말고는 없었어요. 인류는 콘크리트라는 새로운 암석을 만들고 아스팔트와 철도를 거미줄처럼 깔고 산을 옮기고 바다를 메웠어요. 무엇보다 이산화탄소를 뿜어내 공기의 화학적 성질을 100여 년 만에 바꾸고 다른 생물들을 대량 멸종시킨 생명체는 인류가 유일해요.

　외계인이 지층에서 이산화탄소와 플라스틱, 방사능의 기록을 발견한다면 곧 깨달을 거예요. 지구는 닭이 아닌 인류의 행성이었으며 그들은 인류세의 짧은 시대를 이기적으로 살다 갔다고 말이에요.

기후 영상 ▶

◆ 영화 〈돈 룩 업〉

〈돈 룩 업Don't Look Up〉은 혜성 충돌로 인류가 멸망하는 것을 소재로
한 영화예요. 과학자들은 거대한 혜성이 지구와 충돌할 거라고 눈물로
호소하지만, 뉴스는 진실을 감추고 정치가는 시민들을 속이며 자신들
의 이익을 챙기기에 바빠요. 결국 지구는 초토화되고 말아요.

영화는 밤하늘을 관찰하던 두 과학자 이야기로 시작돼요. 어느 날, 천
문학과 대학원생인 케이트 디비아스키(제니퍼 로렌스)와 지도 교수인 랜
들 민디 박사(레오나르도 디카프리오)는 에베레스트산만 한 혜성이 지구
를 향해 돌진하는 것을 발견해요. 6개월 후 지구와 충돌할 가능성은
무려 99.78퍼센트! 깜짝 놀란 두 사람은 미국의 인기 TV 쇼에 출연해
이 사실을 알리고 대통령을 만나 대책을 마련해야 한다고 요구해요.
하지만 언론은 혜성을 내세워 시청률을 올리는 데만 급급하고, 대통령
도 혜성을 이용해 선거에 이길 궁리만 해요. 인류 종말의 위기가 닥쳤
지만, 정치가의 선동에 넘어간 사람들이 혜성의 존재를 부정하며 하늘
위의 혜성을 보지 말라는 구호를 외쳐요. Don't Look Up!
이 영화가 전 세계적으로 인기를 끈 이유 중 하나는 영화 속 모습과 우

리의 현실이 다르지 않기 때문이에요. '혜성'을 '기후'로 바꿔 놓고 영화를 보면 기후 위기의 심각성을 호소하는 과학자와 진실을 외면한 언론, 기후 위기 대응을 가로막는 정치가들의 모습을 영화 속에서 쉽게 찾아낼 수 있어요.

기후 단체

◆ 환경운동연합

환경운동연합은 1993년에 결성된 우리나라의 대표적인 환경 단체예요. 2002년부터 세계 3대 환경 보호 단체 중 하나인 '지구의 벗'에 한국 지부로 가입해 세계 75개국과 함께 활동하고 있어요. 환경운동연합은 생명과 평화, 생태, 참여를 중심 가치로 핵 발전 반대와 재생 에너지 확대, 온실가스 감축 등에 힘을 쏟고 있어요. 또한 일본 정부가 후쿠시마 원전 사고에서 발생한 방사능 오염수를 바다에 버리지 못하도록 시민들과 함께 캠페인을 벌이고 있으며, 멸종위기종과 고래를 보호하고, 권력과 기업을 감시하며 기후 위기 대응에도 적극 나서고 있어요.

◆ 그린피스

그린피스Greenpeace는 1971년 결성된 독립적인 국제 환경 단체로 전 지구적인 환경 문제의 원인을 밝혀내고, 이를 해결하기 위해 평화적이고 창의적인 방식으로 활동하고 있어요. 그린피스는 기후 위기 때문에 생기는 각종 환경 문제의 해결과 핵 발전 반대, 플라스틱 제로, 야생 동물 보호, 재생 에너지의 확대 보급과 지속 가능한 농업 등의 캠페인을 진행하고 있어요. 또한 그린피스는 핵 실험을 중단시키고, 고래 보호에 앞장서며, 기업이 100퍼센트 재생 에너지로 전환하도록 정부와 기업을 설득하고 압박하는 활동을 펼치고 있어요.

기후달력

◆ 지구의 날: 4월 22일

지구의 날은 1969년 미국 캘리포니아주에서 발생한 해상 원유 유출 사고를 계기로 1970년 4월 22일 미국에서 시작된 환경 기념일이에요. 오후 8시부터 10분 동안 전등을 끄는 것이 이날의 주요 행사예요. 2022년 지구의 날의 주제는 '지구에 투자하라Invest In Our Planet'였어요. 우리가 지구에 투자해야 할 이유는 분명해요. 지구의 혜택 없이 우리는 단 하루도 생존할 수 없기 때문이에요. 파괴된 생태계를 복원하고 생물다양성을 보호하기 위한 투자는 모든 경제 행위에 앞서야 해요.

◆ 세계 환경의 날: 6월 5일

세계 환경의 날은 1972년 스웨덴 스톡홀름에서 열린 '유엔 인간 환경 회의'에서 제정했으며, 지구 환경의 보전을 위해 세계인이 함께 노력하자는 의미를 담고 있어요. 매년 환경의 날을 맞아 그해의 주제를 선정해 발표하고 대륙별로 돌아가며 행사를 개최해요. 우리나라는 1997년 서울에서 세계 환경의 날 행사를 개최한 적이 있고, 2022년에는 '하나뿐인 지구, 자연과 조화로운 지속 가능한 삶'을 주제로 환경의 날 기념식을 치렀어요.

Keyword

2장   생태

. . . .

❶ 생태계

생태계란, 서로 영향을 주고받으며 살아가는 생물들과 그 생물들을 둘러싼 환경을 말해요.

지구는 그 자체로 거대한 생태계예요. 지구는 숲과 바다, 습지와 같은 다양한 생태계를 거느리고 있어요. 생물과 생물, 생물과 환경이 서로 영향을 주고받는 형태는 모두 생태계로 볼 수 있어요.

생물과 환경은 생태계를 구성해요. 생물에는 생산자와 소비자, 분해자가 있어요. 생산자는 스스로 양분을 만들어 내고, 소비자는 다른 생명을 먹고, 분해자는 생명을 그 구성 요소로 분해해 자연으로 돌려보내요. 생물은 햇빛과 물, 흙, 공기, 온도 등 비생물 환경과도 상호 작용해요. 생물이 살아가는 환경은 제각각이에요. 햇빛을 좋아하는 생물이 있는가 하면, 그렇

Keyword

지 않은 생물도 있어요. 흙보다 물을 좋아하는 생물도 있어요. 산소가 필요 없거나 추운 곳이 아니면 살아갈 수 없는 생물도 있어요.

지난 100여 년 동안, 급격한 기온 상승으로 생태계가 망가지고 있어요. 극지방은 다른 지역보다 2배 이상 빨리 더워지고 있어요. 북극과 남극이 이렇게 빨리 따뜻해지면 이곳의 생물들은 도망칠 곳이 없어요. 지구에서 여기보다 추운 곳은 없기 때문이에요. 특히 다른 지역으로 이동할 수 없는 식물과 그 식물에 의존해 살아갈 수밖에 없는 생물들은 멸종의 위기에 처해 있어요. 바다는 산성화되고, 숲은 말라 가며, 갯벌과 습지가 파괴되고 있어요. 기후 위기는 지구 생태계를 벼랑 끝으로 몰고 있어요. 생태계가 무너지면 인류는 물론 아무 잘못 없는 뭇 생명까지 피해를 입을 거예요.

생태

EP.1 <u>생태 발자국</u>

생태 발자국이란, 사람들이 살아가는 데 필요한 자원을 재생하고 폐기물을 처리하는 데 드는 비용을 토지 면적으로 바꿔 계산한 거예요. 생태 발자국이 클수록 더 많은 생태적 자원이 필요하며 자연 생태계가 파괴되는 정도가 심각하다는 것을 의미해요.

생태 발자국에서 나온 개념으로 '지구 생태 용량 초과의 날'이 있어요. 그해에 인류가 소비하는 생태적 자원이 지구가 재생하는 능력을 넘어서는 날이에요. 예를 들어, 한 달에 20만 원씩 용돈을 받는 친구가 있다고 해 볼게요. 이 친구는 게임 아이템을 구입하는 데 돈을 펑펑 써요. 용돈은 금방 부족해지고 다음 달이 되기도 전에 바닥이 나요. 용돈이 떨어지자 다음 달 치 용돈을 끌어다 써요. 다음 달 치를 써 버린 뒤에는 다다음 달 치를 끌어오고, 다다음 달 치를 쓴 뒤에는 다다다음 달 치를 끌어와요. 용돈이 떨어지는 날은 점점 빨라져요.

Episode

여기서 용돈이 떨어진 날은 '지구 생태 용량 초과의 날'과 비슷해요. 다시 말해, 이날은 매년 1월 1일에 80억 명이 넘는 우리 인류가 지구로부터 선물 받은 1년 치의 물과 공기, 나무와 물고기 등의 생태적 자원을 모두 소비한 날이에요. 우리는 지구가 주는 선물을 12월 31일까지 아껴 써야 해요. 1970년에 세계 생태 용량 초과의 날은 12월 30일이었어요. 그러나 2021년에는 7월 29일로 크게 앞당겨졌어요. 1년 치의 생태적 자원을 7개월 만에 탕진한 거예요. 심지어 우리나라의 생태 용량 초과의 날은 4월 5일이었어요. 만약 전 세계인이 우리나라 사람들처럼 살아간다면 지구가 3.8개는 있어야 인류의 생존이 가능할 거예요.

2 숲

숲은 공기 중의 이산화탄소를 흡수할 뿐 아니라 배출을 억제하는 기능도 지니고 있어요.

숲의 면적은 육지의 30퍼센트에 달해요. 그러나 산성비와 외래종의 침입, 농장과 광산의 개발로 전 세계의 숲이 파괴되고 있어요. 최근 무분별한 벌채와 대규모 산불로 숲의 면적은 더욱 빠르게 줄고 있어요.

나무는 햇빛을 이용해 잎과 줄기, 뿌리에 탄소를 붙잡아요. 일반적으로 나무는 1세제곱미터 성장하는 동안 공기 중의 이산화탄소 1톤을 제거할 수 있어요. 나이를 먹을수록 나무의 탄소 흡수 효율은 줄어들지만 탄소 저장량은 커져요. 따라서 어린 나무를 심기 위해 늙은 나무를 베면 곤란해요. 더욱이 벌채된 나무가 건축용이 아니라 땔감으로 태워지면 탄소가 공기

중으로 되돌아갈 수밖에 없어요.

오래된 숲은 '탄소 저장고'예요. 숲을 밀어 내면서 생기는 이산화탄소는 전 세계 배출량의 10퍼센트가 넘어요. 아마존 열대 우림에서 발생하는 수만 건의 산불로 매일 축구경기장 3300개 넓이의 숲이 파괴되고 있어요. 지난 10여 년 동안 아마존 열대 우림은 빨아들인 이산화탄소보다 훨씬 많은 양의 이산화탄소를 내뿜었어요.

숲은 이산화탄소 배출을 억제하기도 해요. 특히 도시의 숲은 시원한 그늘을 제공해 주변부 온도를 떨어뜨려요. 이는 도심지에 위치한 숲 덕분에 시민들이 냉방용 에너지를 아끼고 온실가스 배출도 줄인다는 말이에요. 오래된 숲을 잘 가꾸고, 자투리나 버려진 땅에 새로운 숲을 조성하는 것은 기후 위기를 극복하는 무엇보다 강력한 수단이 될 거예요.

EP.2 크리스마스 나무의 죽음

크리스마스가 다가오면 사람들이 찾는 나무가 있어요. 구상나무예요. 구상나무는 삼각형 모양의 작고 아담한 나무인데, 실내용 트리로 잘 어울려 북미권과 유럽에서 큰 인기를 누리고 있어요. 제주도 방언으로 쿠살낭이라고 하는데 쿠살은 성게, 낭은 나무라는 뜻이에요. 100여 년 전, 미국의 식물학자 어니스트 윌슨이 쿠살낭을 구상나무로 불렀다고 해요. 윌슨은 1917년 한라산과 지리산의 구상나무를 관찰하고 나서 그것이 새로운 종이라고 결론짓고, 그 씨앗을 가져가 자신이 근무하고 있던 미국 하버드 대학 아놀드식물원에 심었다고 해요. 미국과 유럽에서 사랑받고 있는 크리스마스 트리의 원조가 사실은 우리나라인 셈이에요.

구상나무는 우리나라 고유 수종으로 크게 자라면 20미터까지도 올라가요. 해외에서는 '코리안 퍼Korean Fir, 한국 전나무'로 불려요. 추위에 강하기 때문에 한라산과 지리산, 무등산, 덕유

산 등의 해발고도 1000미터 이상의 고지대에 분포하고 있어요. 특히 한라산 1400미터부터 정상 부근까지 자생 군락지를 이루고 있어요.

그런데 최근 구상나무가 수난을 당하고 있어요. 기후 위기로 기온이 올라가 겨울에는 눈이 덜 내리고 봄에는 비가 적게 내려 가뭄에 시달리고 있어요. 수분 부족으로 구상나무가 말라 죽고 있어요. 결국 2012년 국제자연보전연맹은 구상나무를 멸종위기종으로 지정했어요. 국립산림과학원은 구상나무의 멸종을 대비해 종자를 영구 저장하고 있어요. 하지만 이 방법으로는 구상나무를 살릴 수 없고, 단지 멸종을 막을 뿐이에요. 크리스마스 나무의 자생 군락지를 살릴 근본적인 대책은 기후 위기를 늦추는 것밖에 없어요.

❸ 바다

바다는 공기층에 갇힌 뜨거운 열기와 이산화탄소를 흡수해 지구가 급격히 가열되는 것을 막아 줘요.

바다는 지구 표면의 3분의 2를 덮고 있으며 인류가 배출하는 이산화탄소의 4분의 1 이상을 흡수하고 있어요. 특히 심해층은 막대한 양의 탄소를 저장하기 때문에 기후 위기를 막을 최후의 보루로 여겨지고 있어요. 바다는 공기가 품은 열기의 90퍼센트 이상을 흡수하지만 그 대가로 수온이 빠르게 오르고 있어요.

바다는 지구상에서 가장 큰 탄소 저장고예요. 하지만 바다가 더워지면 탄소를 저장하는 힘이 약해져요. 탄산음료가 따뜻해지면 김이 빠지는 것과 같은 원리예요. 또 바다가 산성화되면 바다 생태계가 망가져요. 예를 들어, 산호는 산성에 잘 녹

Keyword

기 때문에 산성화된 바다에서 살기 힘들어요. 산호는 바다 생물의 보금자리예요. 산호를 중심으로 다양한 생물이 서식하고 있어 산호가 죽으면 생물다양성은 크게 훼손될 거예요. 바다는 한번 산성화되면 되돌리기 힘들어요. 5500만 년 전에도 바다 산성화로 생물이 대량 멸종한 적이 있는데, 이때 타격을 입은 산호가 회복하는 데 100만 년 이상이 걸렸다고 해요.

미국 프린스턴 대학의 연구에 따르면, 지금처럼 수온이 계속 오르고 산소가 고갈될 경우, 2300년에는 바다 생물종이 대멸종할 거라고 해요. 대멸종이란, 대부분의 생명체가 멸종하는 사건을 말해요. 이대로 바다 생태계가 망가지게 놔두면 안 돼요. 온실가스 감축의 고삐를 더 바짝 당겨야 해요.

EP.3 습지

　습지란, 물기가 있어 축축한 땅으로 물이 빠졌을 때 깊이가 6미터를 넘지 않는 곳이에요. 강과 하천, 범람원, 늪 등은 내륙 습지이며 바닷가에 위치한 맹그로브 숲과 염습지, 잘피림, 산호초, 갯벌 등은 연안 습지라고 해요. 습지는 지상에 존재하는 탄소의 40퍼센트 이상을 저장할 수 있어 기후 위기를 늦추는 중요한 역할을 하고 있어요.

　바다 생태계가 흡수해 저장하는 탄소나 바다 생태계의 탄소 흡수원을 블루카본Blue Carbon이라고 해요. 특히 연안 습지는 전체 바다 면적의 2퍼센트에 불과하지만 블루카본의 절반을 차지하고 있어요. 예를 들어, 강물과 만나는 바닷가에 자리 잡은 맹그로브 숲, 속씨식물인 잘피가 바닷속에서 숲을 이룬 잘피림, 소금기가 많은 갯벌에 군락지를 이루는 갈대, 칠면초 등은 광합성으로 붙잡은 탄소를 오랫동안 저장할 수 있어요.

　갯벌은 육지의 숲처럼 이산화탄소를 흡수하고 산소를 내뿜기 때문에 '숨은 숲'의 역할을 해요. 우리나라 갯벌의 넓이는 2482제곱킬로미터에 달하는데 1300만 톤의 탄소를 저장하고 있으며 해마다 26만 톤의 이산화탄소를 흡수한다고 해요. 이는 자동차 11만 대가 일 년 동안 내뿜는 이산화탄소의 양이에요. 2019년 기후 변화에 관한 정부간 협의체IPCC는 이산화탄소를 흡수하는 곳탄소 흡수원으로 블루카본을 공식 인정했어요. 그런데 갯벌은 IPCC의 블루카본 목록에 올라가 있지 않아요. 탄소 흡수원으로서 갯벌에 대한 연구가 부족했던 탓이에요. 현재 우리나라는 관련 학계를 중심으로 블루카본에 갯벌을 포함시키기 위해 노력하고 있어요.

④ 생물다양성

생물다양성이란, 지구에서 살아가는 생물종은 물론 그들의 서식지와 유전자의 다양성을 모두 일컫는 말이에요.

『침묵의 봄』에서 레이첼 카슨은 생태계를 '정교한 생명의 그물'이라고 했어요. 그물이 한 줄씩 끊어지다 보면 어느 순간 사용할 수 없게 되는 것처럼 생명의 그물도 서로 연결된 생물종이 하나둘씩 사라지면 생태계는 그대로 무너질 수밖에 없어요. 다양한 유전자를 품은 수백만 종의 생물이 고유한 생태계 안에서 살아갈 때 생물다양성은 풍부해지고 인류의 삶 또한 안전할 수 있어요.

인류는 생물다양성에 기대어 살고 있어요. 인류는 옷과 음식, 집을 포함해 생존에 필요한 거의 모든 것을 생물다양성의 구성 요소에서 얻어 왔어요. 자연에서 얻은 동식물을 기르고 재배하는 과정에서 품종을 개량해 생산력을 높였어요. 의학 발전에 크게 기여한 항생제의 대부분을 아직도 방선균을 비롯한 미생물에서 얻고 있어요. 생물다양성은 오염된 공기와 물을 깨끗하게 돌려놓고 흙의 생명력을 높였으며 안정적인 기후를 유지해 인류 문명의 바탕을 이루었어요.

우리들은 자연을 인간과 동떨어진 존재로 바라보기 때문에 생물다양성이 주는 이러한 혜택을 깨닫기 힘들어요. 오히려 지난 수백 년 동안 인류는 경제적 이익을 위해 생물 자원을 재생 불가능할 정도로 이용하고 생태계를 파괴했어요. 특히 지구 생물종의 50퍼센트 정도가 살고 있는 열대 우림의 파괴는 심각해요. 생물다양성은 뭇 생명의 생존과 연결되어 있어요. 생물다양성을 지키는 것은 곧 우리 자신을 지키는 일이에요.

EP.4 <u>멸종</u>

 멸종은 진화의 핵심이에요. 멸종이 있어야 그 자리를 메우며 새로운 생물종이 번성하니까요. 예를 들어, 초기 포유류는 공룡과 비슷한 시기에 나타났어요. 쥐처럼 생기고 몸집이 작았던 포유류는 무시무시한 공룡을 피하기 위해 낮에는 숨고 밤에만 활동하는 야행성으로 진화했어요. 중생대 말기 대멸종으로 공룡이 사라지자 포유류는 전성기를 맞이했어요.

 지금까지 발견된 전 세계 생물종은 800만 종이에요. 그중 100만 종은 수십 년 안에 멸종할 거라고 해요. 이는 하나의 생물종이 평균적으로 생존한다고 알려진 300만 년과 비교했을 때 너무 빠른 멸종이에요. 이렇게 자연의 흐름을 거스르는 현상이 생긴 이유는 다름 아닌 기후 위기 때문이에요.

 최근 바다가 뜨거워지면서 산호초가 사라지고 있어요. 지구의 평균 기온이 산업혁명 이전의 기온보다 2도 올라갈 경우 산호초의 99퍼센트가 멸종할 거라고 해요. 산호초가 멸종하면 바다거북이 서식지를 잃는 등 산호초에 기대어 살아가는 뭇 생명이 멸종 위기에 처해요. 기후 위기로 생물종이 하나둘씩 사라지고 먹이 사슬이 연쇄적으로 붕괴되면 생태계는 모래성처럼 어느 한순간 무너지고 말 거예요.

티라노사우루스는 중생대 말기에 나타나 250만 년 동안 북미 대륙을 주름잡았어요. 30만 년 전에 탄생한 현생 인류 호모 사피엔스가 티라노사우루스만큼 생존하려면 200만 년 이상은 더 살아야 해요. 하지만 인류는 기후 위기를 일으켜 스스로 위험에 빠졌어요. 이대로 가면 인류는 수백년 안에 멸종될 수도 있어요. 멸종이야말로 진화의 핵심이라지만, 인류가 사라진 지구에 진화는 아무런 의미가 없어요.

⑤ 꿀벌

꿀벌은 꽃에서 꿀을 따고 꽃가루를 날라 주는데^{수분} 특히 아몬드 나무는 수분을 꿀벌에 100퍼센트 의존하고 있어요.

유엔식량농업기구^{FAO}에 의하면, 전 세계 식량의 90퍼센트를 생산하는 100대 작물 중 71종이 꿀벌을 포함한 곤충에 수분을 의존하고 있어요. 그런데 꿀벌이 기생충에 의한 피해, 대기 오염, 살충제의 사용 등으로 사라지고 있어요. 이 모든 변화의 밑바탕에는 기후 위기로 인한 기온 상승이 깔려 있어요.

유엔의 생물다양성 과학기구^{IPBES}가 2016년에 발표한 보고서에 따르면, 지난 50년간 전 세계 벌의 37퍼센트가 사라졌다고 해요. 특히 꿀벌이 집단적으로 사라지는 '군집 붕괴 현상'이 전 세계적으로 벌어지고 있어요. 우리나라에서도 2021년 겨울에 80억 마리의 꿀벌이 떼죽음을 당했다고 해요.

Keyword

꿀벌이 사라진 원인 중 하나는 꿀벌의 체액을 빨아먹는 기생충 때문이에요. 그런데 기생충보다 기생충을 잡기 위해 사용한 살충제가 더 큰 문제를 일으키고 있어요. 살충제가 꿀벌에 작용해 꿀벌끼리의 의사소통은 물론 꿀벌의 비행 능력과 면역력을 떨어뜨려 생존력을 약화시킨 거예요. 그렇다고 당장 살충제의 사용을 멈추기도 힘들어요. 최근의 기온 상승으로 기생충이 크게 늘었기 때문이에요.

"꿀벌이 사라지면 인류도 4년 안에 사라질 것이다." 이 말은 아인슈타인이 했다고 잘못 알려져 있지만, 누가 이런 얘기를 했는지는 중요하지 않아요. 인류 생존에 꿀벌이 중요한 것은 사실이니까요. 꿀벌도 살고 우리도 살려면 기후 위기를 최대한 늦춰야 해요.

 2022년 미국 캘리포니아주의 법원은 뒤영벌을 '곤충이 아닌 어류'라는 판결을 내렸어요. 범블비라고도 부르는 뒤영벌은 꿀벌의 한 종류로 당연히 곤충인데 왜 법원은 어류라고 판결했을까요? 여기에는 사연이 있어요.

 최근 기온 상승으로 뒤영벌이 급격히 줄어드는 사태가 벌어지자, 공익 단체들은 뒤영벌 4종을 멸종위기종으로 지정해 달라고 캘리포니아 주정부에 요청했어요. 얼마 뒤 주정부는 뒤영벌을 멸종위기 후보종으로 선정했어요. 그러자 농업 단체가 반발했어요. 뒤영벌이 멸종위기종으로 지정되면 살충제 사용에 제한이 걸려 아몬드 등의 수확량 감소가 예상되었기 때문이에요.

 법정에서 농업 단체는 법의 빈틈을 집중 공격했어요. 50여 년 전에 만들어진 캘리포니아주의 법에 따르면, 곤충은 멸종위기종으로 지정될 수 없어요. 생물다양성에 대한 개념이 약

Episode

했던 과거에 만들어진 법이라 어류, 양서류 등만 멸종위기종으로 지정할 수 있었어요. 2년 후 법원은 뒤영벌이 멸종위기종으로 보호받을 수 없다고 판결했어요.

　이번에는 캘리포니아 주정부가 반격에 나섰어요. 주정부도 농업 단체처럼 법의 빈틈을 노렸어요. 캘리포니아주의 법에서는 무척추동물도 어류로 분류해요. 곤충도 척추가 없기 때문에 당연히 무척추동물이에요. 이 법에 의해 1980년에 달팽이가, 1984년에는 새우와 가재가 어류로 분류되어 멸종위기종으로 보호받은 사례가 있어요. 결국 캘리포니아 주정부의 활약으로 곤충은 무척추동물이고 따라서 어류의 일종이라는 판결을 받아냈어요. 뒤영벌이 어류로 분류된 황당한 판결이지만, 멸종위기종으로 보호를 받게 되어 다행이에요.

기후 영상 ▶

◆ 다큐멘터리 영화 〈산호초를 따라서〉

바다의 꽃이라 불리는 산호는 식물이 아니라 동물이에요. 산호는 산호 폴립이라고 하는 아주 작은 동물들이 모여 살고 있는 집단 생명체예요. 산호 폴립은 말미잘처럼 촉수를 갖고 있어 플랑크톤을 잡아먹어요. 대부분의 산호는 투명해요. 산호의 아름다운 색은 산호 몸속에 자리한 조류의 색깔이에요. 조류는 산호와 공생하는 매우 작은 식물이에요. 조류는 광합성으로 만든 양분을 산호에게 건네주고 산호는 조류에게 안전한 서식지를 제공해요.

그런데 최근 바닷물의 온도가 빠르게 오르면서 산호가 위기에 처했어요. 수온 상승으로 스트레스를 받은 산호가 조류를 몸 밖으로 내보낸 거예요. 양분을 공급하던 조류가 빠져나가자 산호는 색을 잃고 하얗게 죽어 갔어요. 산호 백화 현상이에요. 다큐멘터리 영화 〈산호초를 따라서Chasing Coral〉는 연구자들이 전 세계 바다에서 일어나고 있는 산호 백화 현상을 눈물겹게 추적하고 관찰한 영상이에요.

해양 생물의 25퍼센트가 산호초에 의지해 살아가고 있어요. 산호초는 조류와 새우, 파랑비늘돔 등 다양한 식물과 동물이 어우러져 살아가는 공생의 현장이에요. 산호초 생태계에서 인간은 큰 물고기나 마찬가지예요. 산호초는 인간에게 충분한 해양 단백질을 제공할 뿐 아니라 암 치료제도 주고 있으며 거대한 방파제 역할도 해 주고 있어요. 산호초는 바다 생태계의 기반이자 우리 삶의 버팀목이에요.

일부 과학자들의 주장에 따르면, 25년 후에는 대부분의 산호초가 사라질 거라고 해요. 지구의 모든 생명체는 연결되어 있어요. 우리는 지금 카드로 만든 집에서 '산호초' 카드를 뽑는 중이에요. 이렇게 카드를 계속 뽑다 보면 어느 순간 다 무너질 수 있어요. 하얀 산호는 산호가 우리에게 보내는 처절한 S.O.S 신호예요. 자신들의 존재를 알아달라는 아름다운 최후의 통첩이에요.

기후 단체

◆ 녹색연합

녹색연합은 1991년에 세워진 우리나라의 대표적인 환경 단체 중 하나로, 주요 생태축인 백두대간과 비무장 지대를 보전하고 야생 동물과 그들의 서식지를 지키는 데 앞장서고 있어요. 녹색연합은 출판 전문 단체인 '작은것이 아름답다'와 녹색교육센터, 녹색법률센터 등의 3개

전문 기구와 전국 9개의 지역 조직과 협력하고 있어요. 이들 단체는 기후 위기를 가속화하는 현장을 감시하고 에너지가 정의로운 세상, 쓰레기가 없는 지구, 자연과 사람이 조화로운 사회를 그려 나가고 있어요. 녹색연합은 새만금 간척 사업의 부당함을 주장하는 국내 최초의 '미래 세대 환경 소송'을 진행하고 4대강 사업을 반대하는 등의 활동을 펼쳐 왔어요. 뿐만 아니라 지역 에너지 자립 및 전환, 수명을 다한 핵 발전소인 월성 원전 1호기 폐쇄, 탈핵 운동, 기후 행동 등에도 적극 나서고 있어요.

◆ 세계자연기금

세계자연기금World Wide Fund for Nature은 1961년에 설립된 세계 최대의 비영리 자연 보전 기관이에요. 해양과 담수, 기후와 에너지, 숲과 야생 동물, 식량 등 자연 보전의 모든 영역에 걸쳐 활동하고 있는 세계자연기금의 공식 명칭은 WWF예요. WWF는 2030년까지 자연 서식지의 보전, 생물종 멸종 방지, 생태 발자국 감소 등의 세부 목표를 달성하고 2050년까지 지속 가능하고 건강한 지구에서 사람과 자연이 조화롭게 살아갈 수 있는 미래를 만들고자 힘쓰고 있어요.

2014년에 설립된 한국 본부WWF-KOREA는 기후 위기에 대한 시민의 인식을 높이기 위해 어스아워 캠페인을 진행하고 있어요. 어스아워

Earth Hour는 지구Earth와 시간Hour을 합친 단어로, 매년 3월 마지막 토요일 오후 8시 30분부터 9시 30분까지 한 시간 동안 전등을 끄는 캠페인이에요. 2007년부터 호주에서 시작된 국제 캠페인으로 해마다 190여 국가, 2만여 개의 랜드마크, 수백만 명의 시민이 동참하고 있어요. 잠시 일상을 멈추고 촛불을 밝혀 가족과 이야기를 나누거나, 산책을 하면서 불 꺼진 지구와 기후 위기를 생각하자는 것이 어스아워의 목적이에요.

기후 달력

◆ 세계 북극곰의 날: 2월 27일

2006년 국제 북극곰 보호단체PBI가 2월 27일을 '국제 북극곰의 날'로 지정했어요. 멸종 위기에 처한 북극곰을 보호하기 위해서였어요. 2008년 5월에는 미국 정부가 북극곰을 멸종위기종으로 지정했어요. 기후 위기 때문에 멸종위기종으로 등록된 생물종은 북극곰이 처음일 거예요. 그 덕분인지 북극곰의 개체 수가 늘었어요. 하지만 북극곰은 여전히 멸종위기종이에요. 이유는 북극곰의 서식지인 해빙이 녹고 있기 때문이에요. 해빙은 바닷물이 언 거예요. 북극곰에게 해빙은 사냥

터이자 쉼터예요. 해빙이 녹으면 북극곰은 살아가기 힘들어요.

북극의 기온이 오르는 속도는 다른 곳보다 2배 이상 빨라요. 해빙도 그만큼 빨리 녹고 있어요. 특히 여름이 되면 해빙이 많이 녹아내려 북극곰이 먹이를 구하지 못해요. 결국 배고픔을 견디지 못한 북극곰이 해안가로 올라와 순록을 잡아먹거나 새알을 까먹고 심지어 인간이 버린 쓰레기를 뒤지게 되었어요.

북극곰은 보호의 대상이지만, 최상위 포식자로 북극 생태계의 균형을 유지하는 수호자의 역할을 하고 있어요. 북극곰이 사라지면 북극 생태계가 무너지는 것으로 끝나지 않아요. 북극곰은 기후 위기의 한 장면일 뿐이에요. 기후 위기를 늦추는 것은 북극곰을 구하고 우리 자신을 구하는 길이에요.

◆ 세계 모기의 날: 8월 20일

8월 20일은 '세계 모기의 날'이에요. 모기는 인간을 제외하고 역사상 가장 많이 사람을 죽인 동물이에요. 세계보건기구WHO에 따르면 모기 때문에 매년 약 72만 5000명이 목숨을 잃는다고 해요. 『모기』의 저자 티모시 C. 와인가드는 모기로 인한 사망자 수가 오늘날까지 존재했던 1080억 명의 인류 중 그 절반인 520억 명에 달한다고 주장하기도 했어요. 물론 모기는 그 자체로는 치명적이지 않아요. 모기가 전파하는 말라리아 원충, 일본뇌염 바이러스, 뎅기 바이러스 등이 위협적이에요. 특히 말라리아는 인류를 괴롭히는 대표적인 질병인데 그로 인해 2019년에 희생된 사람만도 약 41만 명이었다고 해요. 모기가 말라리아를 옮긴다는 것은 1800년대 후반 영국의 군의관 로널드 로스에 의해 밝혀졌어요. 그의 업적을 기념해 1930년대 초에 런던위생열대의학대학원이 '모기의 날' 행사를 열었다고 해요.

최근 기후 위기로 기온이 올라가면서 모기가 세력 범위를 넓히고 있어요. 고산 지대는 물론, 일 년 내내 땅속의 얼음이 녹지 않는다는 툰드라에 모기떼가 나타나 순록을 물어뜯고 있어요. '처서가 지나면 모기 입이 비뚤어진다.'는 옛날 속담이 더 이상 통하지 않게 되었어요. 처서는 양력으로 8월 23일 또는 24일경에 있는 이십사절기 중 하나예요. 어떨 때는 12월 초까지도 모기가 극성이에요. 특히 열대성 말라리아는 한겨울 평균 기온이 10도를 넘으면 성충 상태로 겨울을 날 수 있다고 해요. 이렇게 되면, 열대 지방의 풍토병이 우리나라에 자리 잡을 수도 있어요. 가까운 미래에 제주도를 포함한 우리나라 남부 지방이 위험해질 수 있다는 말이에요. 모기를 잡는 노력도 중요하지만, 모기의 확산을 막을 근본적인 해결책이 필요해요. 기후 위기를 늦춰야 해요

Keyword

3장　에너지와 과학

① 화석 연료

화석 연료란, 땅속에 화석처럼 묻혀 있는 석탄이나 석유, 천연 가스 등을 말해요.

화석 연료의 주성분은 탄소예요. 화석 연료를 태우면 이산화 탄소가 나와요. 오늘날 우리가 누리는 풍요는 화석 연료를 태워 얻은 것이며, 기후 위기는 그 대가예요.

최초의 산업혁명은 영국에서 시작되었어요. 석탄을 태워 움직이는 증기기관은 탄광에 고인 물을 퍼 올리고 면직 공장의 기계를 돌려 섬유 산업을 일으켰어요. 1800년대 중반, 유럽과 미국을 거쳐 전 세계로 전파된 산업혁명은 대량 생산, 대량 소비에 의존하는 현대 산업 구조의 원형이 되었어요.

가장 중요한 전쟁 물자 중 하나였던 석유는 제1차 세계 대전 이후 세상을 만들고 움직이는 에너지로 거듭났어요. 예를 들어, 석유는 자동차를 움직이는 연료이지만, 자동차를 만드는 재료이기도 해요. 의자와 바퀴는 물론 철제 프레임을 만들 때에도 석유 에너지가 필요해요. 스마트폰에서 인공위성에 이르기까지 석유의 손길이 닿지 않은 것이 거의 없어요.

우리는 화석 연료가 떠받치는 세상에서 살고 있어요. 우리가 노예를 부린 과거의 귀족들보다 더 많은 풍요를 누릴 수 있는 이유는 화석 연료 덕분이에요. 인류는 에너지 사용량의 90퍼센트 이상을 화석 연료에 의존하고 있어요. 하지만 화석 연료를 태우면 온실가스가 나와요. 지난 20년 사이에 증가한 이산화탄소의 75퍼센트가 화석 연료에서 나왔어요. 기후 위기를 늦추려면 화석 연료를 그대로 땅속에 묻어 놔야 해요. 우리 사회를 적게 생산하고 적게 소비하는 기후 친화적 구조로 전환시켜야 해요.

EP.1 수소 에너지

　수소는 청정에너지라는 이미지를 갖고 있어요. 하지만 수소가 생산되는 과정을 따져 보면 꼭 그런 것만은 아니에요. 우선, 수소는 화석 연료에 풍부하게 들어 있어요. 특히 화석 연료 중 하나인 천연가스에서 대량의 수소를 얻을 수 있어요. 화석 연료에서 얻어진 수소를 그레이grey수소라고 해요. 그런데 그레이수소는 친환경으로 보기 힘들어요. 천연가스를 채굴할 때는 물론이고 수소를 생산하는 과정에서도 대량의 온실가스를 배출하기 때문이에요.

　그레이수소를 생산하는 과정에서 탄소 포집 기술을 적용해 이산화탄소 배출량을 줄이는 경우에는 블루blue수소라고 해요. 하지만 탄소 포집 기술은 아직까지는 완성도가 떨어지기 때문에 블루수소는 근본적으로 그레이수소라는 한계를 갖고 있어요.

　사실, 수소는 화석 연료보다 물에 더 많이 들어 있어요. 물의

3분의 2가 수소예요. 물을 전기 분해하면 수소를 얻을 수 있어요. 수소를 얻는 최선의 방법은 태양광이나 풍력 등 재생 에너지에서 얻은 전기로 물을 분해하는 거예요. 이것은 재생 에너지에 의한 수水전해 시스템이라고 하며 여기서 얻어지는 수소를 그린green수소라고 해요.

　현재 그린수소의 생산량은 많지 않아요. 하지만 세계 각국이 그린수소를 연구 개발하고 있어요. 2030년까지 영국은 10기가와트, 프랑스는 6기가와트, 독일과 포르투갈은 각각 5기가와트의 전력을 생산할 수 있는 수소 생산 설비를 구축할 예정이에요. 그린수소가 도시 건물과 비행기, 수소 전기차, 드론의 주요 에너지 공급원으로 등장할 날이 멀지 않았어요.

❷ 재생 에너지

재생 에너지란, 햇빛과 바람, 물 등 자연의 무궁무진한 자원으로부터 얻는 에너지를 말해요.

햇빛의 열을 모아 전기를 만들면 태양열 발전, 태양광 패널을 이용해 햇빛을 전기로 직접 바꾸면 태양광 발전이에요. 풍력 발전은 바람을 전기 에너지로 변환하는 거예요. 햇빛이 없는 밤이나 바람이 적을 때는 에너지 저장 장치ESS에 전기를 충전했다가 필요할 때 꺼내 쓸 수 있어요.

　태양열 발전소는 반사경을 수백 장 이상 설치할 수 있는 넓은 땅이 필요하기 때문에 우리나라에는 적합하지 않아요. 태양광은 패널을 많이 설치할수록 전력 생산량도 늘어요. 아파트 베란다, 건물 외벽과 옥상, 주차장, 도로와 하천 주변 등 햇빛이 잘 비추는 곳이면 어디든 패널을 설치할 수 있어요. 풍력 발전기 높이에서 부는 바람 에너지를 전기로 바꾸면 전 세계가 일 년 동안 소비하는 전력의 스무 배가 된다고 해요. 2021년 우리나라가 태양광과 풍력으로 생산한 전기는 전체 전력의 4.7퍼센트에 불과했어요. 덴마크 51.8퍼센트, 독일 28.8퍼센트, 중국 11.2퍼센트, 일본 10.2퍼센트에 비해 초라한 수준이에요.

2022년, 러시아는 유럽연합^{EU}으로 가는 가스관의 꼭지를 잠갔어요. 러시아의 우크라이나 침공을 비난하는 유럽연합에 에너지를 무기 삼아 보복하는 거예요. 그러자 독일은 충청북도 정도의 넓이에 해당하는 풍력 발전 단지를 세우기로 결정하고, 2035년까지 필요한 전력의 100퍼센트를 재생 에너지로 공급하겠다고 선언했어요. 더 이상 화석 연료에 의존하지 않겠다는 거예요. 재생 에너지로의 본격적인 전환이 시작되었어요.

EP.2 RE100

RE100^{알이백}: Renewable Energy 100%이란, 기업 활동에 필요한 전력의 100퍼센트를 재생 에너지로 공급하는 것을 말해요. RE100은 국제 비영리 단체인 '더 클라이미트 그룹'과 탄소 정보 공개 프로젝트^{CDP: Carbon Disclosure Project} 주도로 2014년부터 시작된 글로벌 캠페인이에요. RE100을 달성하려면 태양광이나 풍력 등의 재생 에너지 시설을 기업이 직접 짓거나 이런 곳에서 생산한 전기를 구매해 사용해야 해요.

RE100은 자발적 캠페인이라 법적 강제력은 없지만 새로운 국제 무역 기준으로 떠올랐어요. 이미 애플과 구글 등 전 세계 400여 개의 글로벌 기업이 RE100을 실천하고 있어요. 심지어 애플과 BMW 등은 자신들에게 부품을 공급하는 협력 업체에도 RE100 가입을 요구하고 있어요. 우리나라는 SK텔레콤을 시작으로 2022년 가입한 삼성전자까지 20여 곳이 참여하고 있어요.

그런데 문제가 있어요. 재생 에너지가 턱없이 부족해요. 우리나라의 태양광, 풍력 발전량은 삼성전자나 SK하이닉스가 혼자 쓰기에도 벅차요. 더 큰 문제는 지금 정부가 재생 에너지가 아닌 핵 발전을 크게 늘리고 있다는 거예요. RE100을 달성하려면 핵에너지가 아니라 재생 에너지가 필요해요. RE100은 재생 에너지만 인정하기 때문이에요.

재생 에너지를 확대 보급해야 해요. 그렇다고 마구잡이로 늘리면 안 돼요. 태양광 시설을 놓는다며 산을 깎고 간척지와 철새 도래지를 빼앗을 수는 없어요. 생태계를 파괴하기 때문이에요. 에너지 소비가 많은 도시와 산업단지를 중심으로 태양광 시설을 설치하는 것이 맞아요. 바다에 풍력 발전기를 놓을 때도 철새와 고래, 어류의 피해를 최소화해야 해요. 재생 에너지로의 전환과 RE100 실천은 생태계 보전과 함께할 때 더욱 큰 의미가 있어요.

에너지와 과학

③ 핵에너지

핵에너지란, 원자의 핵이 지닌 에너지를 말해요.

원자의 핵이 쪼개질 때 나오는 에너지를 핵분열 에너지라고 해요. 원자로는 핵분열을 일으키는 장치예요. 원자로를 가동해 전기를 생산하는 시설이 핵 발전소예요.

핵 발전은 친환경 에너지가 아니에요. 물론 핵 발전은 우라늄을 태우지 않고 핵분열을 이용하기 때문에 발전소를 운전하는 중에는 온실가스를 적게 배출해요. 하지만 핵 발전은 우라늄을 채굴, 농축, 가공, 폐기하는 전 과정에서 온실가스를 배출하고 치명적인 방사능 오염을 남겨요. 또한 핵 발전은 저렴하지 않아요. 2030년이 되면 1킬로와트시당 태양광 발전 비용(56.03원)이 핵 발전(74.07원)보다 저렴해진다는 연구 결과가 있어요. 이는 사고 위험과 핵폐기물 처리 등 외부 비용을 넣어 계산한 결과예요. 지금까지 핵 발전이 값싸 보였던 이유는 외부 비용을 고려하지 않은 착시 현상에 불과해요.

핵 발전의 근본적인 문제는 영구적인 방사능 오염을 남긴다는 거예요. 핵폐기물은 짧게는 수백 년, 길게는 수십만 년 동안 방사선을 내뿜어요. 그래서 유럽연합은 고준위 핵폐기물 처리장을 2050년까지 마련한다는 계획을 제시하지 않으면 신규 핵 발전소가 친환경 자금을 받지 못하도록 했어요. 현재 전 세계에서 고준위 핵폐기물 처리장을 확보한 나라는 핀란드와 스웨덴뿐이에요.

핵 발전소는 그 자체로 위험해요. 1985년 러시아의 체르노빌 핵 발전소 폭발사고, 2011년 일본의 후쿠시마 핵 발전소 폭발 사고가 그 증거예요. 2022년, 유럽 최대 규모의 자포리자 핵 발전소가 러시아의 우크라이나 침공 전쟁으로 폭격의 위협을 받았던 것은 핵 발전소가 재앙이 될 수 있다는 또 다른 증거예요.

EP.3 <u>소형모듈원자로</u>

소형모듈원자로SMR: Small Modular Reactor(이하 '소형 원자로')
란, 기존 대형 핵 발전소의 3분의 1에서 5분의 1 이하에 해당
하는 전기를 생산하는 작은 핵 발전소를 말해요. 소형 원자로
는 원자로와 냉각기 등의 설비를 배관 없이 하나의 통 안에 넣
어 일체화했기 때문에 안전하다고 해요. 또한 소형 원자로는
여러 개를 이어서 설치할 경우 발전량을 높일 수 있어 경제적
이라고 해요. 과연 그럴까요?

현재 우리나라의 핵 발전소는 모두 대형이에요. 소형 원자로
가 소형이라서 안전하다고 강조하는 것은 기존의 핵 발전소가
대형이라서 위험하다고 홍보하는 것이나 마찬가지예요. 게다
가 일체형이라서 안전하다는 증거도 없어요. 부품이 고장 나
도 내부에 대한 접근이 어려워 때에 따라서는 원자로를 포기
해야 할 수도 있어요. 최근에는 대형 핵 발전소보다 핵폐기물
이 더 많이 배출될 수 있다는 연구 결과가 발표되기도 했어요.

　핵 발전소는 대형화할수록 전력 생산 비용이 내려가요. 공장에서 차를 한 대 만들 때보다 수백 대 만들 때 생산 비용이 낮아지는 것과 같은 이치예요. 경제적 측면에서 소형화는 장점이 아니라 오히려 단점이에요. 소형 원자로가 경제성을 확보하려면 여러 대를 연결해서 대형화를 추진하고 규모의 경제를 이뤄야 해요. 그런데 이럴 거면 소형 원자로를 설치할 이유가 없어요. 처음부터 대형 핵 발전소를 건설하면 되니까요.

　대형이든 소형이든 핵 발전소는 안전하지 않아요. 더욱이 핵 발전소는 핵폐기물 처리에 막대한 비용이 들어가요. 기후 위기 시대에 핵 에너지는 대안이 될 수 없다는 말이에요.

④ 기후를 과학 기술로 고칠 수 있을까?

기후 위기를 넘어서기 위한 기후공학적, 지구공학적 기술이 연구 중에 있어요.

인위적으로 기후를 조절하는 방법으로 우주 거울, 성층권에 빛 반사입자 살포, 해양 비옥화, 이산화탄소 포집 등이 있어요. 이 방법들은 연구가 부족하거나, 부작용이 심각하고, 효율적이지 않다는 등의 문제를 안고 있어요. 하지만 가장 큰 문제는 기후를 과학 기술로 고칠 수 있다는 발상이에요.

'우주 거울'은 태양과 지구 사이의 '라그랑주 포인트'라고 하는 특별한 지점에 반사판을 설치해 햇빛을 우주로 반사하는 거예요. 하지만 대규모의 반사판을 우주에 설치하고 운영할 실질적인 기술이 마련되지 않아 현실성이 떨어져요.

'성층권에 빛 반사입자 살포'는 10~50킬로미터 상공에 황산이나 탄산칼슘^{분필가루 성분}을 뿌려 햇빛을 반사시키는 거예요. 하지만 반사입자가 햇빛을 막아 파란 하늘을 보지 못할 수 있고 특히 황산의 경우, 산성비에 의한 생태계 교란을 일으킬 가능성이 있어요.

'해양 비옥화'는 바다에 식물성 플랑크톤의 필수 양분인 철분을 살포해 플랑크톤을 대규모로 증식시키고 광합성으로 공기 중의 이산화탄소를 흡수하는 거예요. 이 기술은 녹조^{물이 녹색으로 변하는 현상}를 일으킬 수 있기 때문에 2008년 생물다양성협약^{CDB}에서 해양 비옥화의 대규모 실험을 금지시킨 바 있어요. 녹조는 물속으로 들어가는 햇빛을 차단해서 수중 생물이 위험해질 수 있어요.

과학 기술은 하나의 문제를 해결하면서 다른 문제를 일으키는 데 익숙해요. 무엇이든 과학 기술로 해결하려는 과학 기술 만능주의를 고쳐야 해요.

EP.4 탄소 포집 기술

　기후 위기를 늦추기 위한 방법 중에 탄소 포집 기술이 있어요. 이 기술은 공장의 굴뚝 등 이산화탄소가 집중적으로 배출되는 지점 또는 공기 중에서 직접 이산화탄소를 걸러 낸 후 지층에 묻는 거예요. 이렇게 모아진 탄소 중 일부는 탄산음료 등 제품 원료로 다시 쓰이기도 해요.

　획기적인 아이디어처럼 보이지만, 낮은 효율이 걸림돌이에요. 예를 들어, 스위스 기업 클라임웍스가 개발한 '오르카Orca'는 필터를 붙인 환풍기를 이용해 이산화탄소를 포집한 후 물에 섞어 탄산수로 만드는 시스템이에요. 탄산수를 지하 1000미터 암반층에 주입해 암석으로 굳히는데, 전체 비용이 이산화탄소 1톤당 1100달러 수준이라고 해요.

　2022년 미국은 47억 톤의 이산화탄소를 배출했어요. 이중 10퍼센트인 4억 7000만 톤을 오르카의 방식으로 포집한다면 5170억 달러(약 672조 원)의 비용이 들어요. 우리나라 1년 예산을 넘는 금액이에요. 탄소 포집 비용 때문에 미국 재정이 파탄 날 수 있어요.

사실, 탄소 포집 기술은 기후 위기를 넘어설 핵심 수단이 아니에요. 더욱이 이 기술의 한계는 뚜렷해요. 오히려 기후 위기 시대에 필요한 기술은 기상 정보 시스템이에요. 탄소중립 달성에는 재생 에너지가 필요해요. 이때 재생 에너지의 대부분을 차지하는 태양광, 풍력 발전은 날씨의 변화에 민감하기 때문에 기상 정보가 중요해요. 기상 정보 시스템을 통해 기온과 구름, 바람 등의 양을 정확히 예측할 수 있다면 날이 흐리거나 바람이 적은 날에도 전력망을 안정적으로 운영할 수 있을 거예요. 물론, 과학 기술이 모든 것을 해결해 주지는 않아요. 보다 근본적인 해결을 위해서는 소비를 줄이고 숲과 바다를 보전해야 해요.

❺ 기후 위기, 과학적 사실인가?

기후 위기는 지난 100여 년 동안 인간 활동으로 누적된 온실가스 때문에 일어났어요.

2021년 미국의 코넬 대학 연구팀의 분석 결과에 따르면, 최근 발표된 9만 편의 기후 관련 논문 중에서 99.9퍼센트가 기후 변화는 인간 탓이라는 사실을 지지했다고 해요. 왜 100퍼센트가 아니냐고 실망할 필요는 없어요. 이 정도면 과학적인 확신 정도가 현대 생물학의 토대를 이루는 진화론이나 현대 지질학의 가장 중요한 이론인 판구조론 수준에 도달한 것이라고 해요.

기후는 과학이에요. 기후 위기가 사실이냐 아니냐는 과학계에서 더 이상 논쟁거리가 아니에요. 더군다나 기후 위기에 대한 증거는 나날이 새롭게 추가되고 있어요. 예를 들어, 2018년 8월 1일에 서울의 낮 기온은 39.6도를 기록했어요. 1907년 서울의 기상 관측을 시작한 이래 최악의 폭염이었어요.

기후 위기는 종교적 믿음이나 정치적 신념이 아니에요. 과학적 증거에 따라 확신하는 거예요. 증거만 있다면 결론은 언제든 뒤집어질 수 있어요. 만약 기후 위기에 반대되는 증거가 하나라도 나온다면 기후 위기의 과학적 지위는 곧바로 무너질 거예요. 예를 들어, 고생대나 신생대의 지층에서 중생대의 대표 생물인 공룡의 화석이 발견된다면 진화론은 퇴출당할 거예요. 하지만 중생대가 아닌 지층에서 공룡의 화석이 발견된 경우는 한 번도 없어요. 마찬가지로, 인간이 배출한 온실가스 때문에 기온이 올랐다는 사실을 반박하는 증거 또한 발견되지 않았어요. 기후 위기는 과학적 사실이에요.

EP.5 <u>기후 위기, 급하지 않다?</u>

    기후 위기는 인류가 맞닥뜨린 최악의 위기예요. 그럼에도 사람들이 기후 위기를 두려워하지 않는 이유는 '발등의 불'이 아니기 때문이에요. 예를 들어, 1985년 영국 과학자들은 남극 대륙 상공의 오존층에서 구멍을 발견했어요. 오존은 성층권에서 자외선을 막아 지상의 생명과 생태계를 보호하기 때문에 오존층 복원은 시급한 문제였어요. 1987년 국제 사회는 몬트리올 의정서를 맺어 오존층 파괴 물질에 대한 강력한 규제 정책을 펼쳤어요. 오존층을 파괴하는 프레온 가스^{냉매의 한 종류}의 생산과 사용을 금지시킨 거예요. 그 결과 오존층 구멍은 2006년부터 작아지고 있어요.

    오존층 파괴는 문제의 원인이었던 프레온 가스를 규제해 비교적 짧은 시간 안에 해결한 환경 문제예요. 그런데 기후 문제는 달라요. 온실가스를 규제해도 그 효과는 뒤늦게 나타나요. 과거로부터 누적된 이산화탄소가 길게는 수백 년 이상 온실

효과를 일으키기 때문이에요. 따라서 온실가스 배출을 지금 멈춰도 당분간 기후 위기는 계속될 수밖에 없어요.

과학자들은 2030년대가 가기 전에 지구 기온이 1.5도 상승할 거라고 해요. 위급한 상황이에요. 물론 처방은 나와 있어요. 온실가스 배출을 과감히 줄이면 돼요. 하지만 세계 각국은 오존층 문제만큼 절박하게 생각하지 않아요. 오히려 서로 책임을 떠넘기기에 바빠요. 온실가스 배출을 줄이면 자국의 경제가 타격을 입기 때문이에요.

기후 위기보다 더 급한 문제는 없어요. 각국의 최우선 국정 과제가 되어야 해요. 2019년 세계 지도자들이 모인 다보스 포럼에서 기후 운동가 그레타 툰베리는 "우리 집이 불타고 있다."고 외쳤어요. 지구는 '우리 집'이에요. 집이 불타고 있는데 남 탓할 시간이 있을까요? 기후 위기는 '지금 당장'의 문제인 거예요.

기후 영상 ▶

◆ 영화〈판도라〉

〈판도라〉는 기후가 아닌 핵 발전소 사고를 다뤄요. 기후는 이 영화의 소재가 아니에요. 그럼에도 〈판도라〉는 기후 위기 시대에 모든 시민이 봐야 할 영화예요. 이유는 정부가 핵으로부터 시민들을 안전하게 보호할 수 없다는 것을 이 영화가 보여 주기 때문이에요.

실제로 영화의 모델이 된 부산의 핵 발전소 주변에는 340만 명의 시민이 거주하고 있어요. 부산 근처의 울산과 경주까지 합하면 거의 500만 명이 핵 발전소 가까이에 있어요. 그런데 핵 발전소에 사고가 터지면 수백만 명의 시민을 빠르고 안전하게 대피시킬 방법이 없어요. "내가 할 수 있는 일은 아무것도 없다."는 영화 속 대통령의 대사는 결코 허구가 아니에요. 우리나라 정부는 핵 발전소 참사에 체계적으로 대응할 능력이 없어요. 그건 다른 나라 정부도 마찬가지예요. 핵 발전소 폭발 사고를 겪은 러시아와 일본이 그 증거예요. 지금 당장, 핵 발전소의 가동을 멈추는 것만이 정부가 할 수 있는 유일한 해결책이에요.

최근 정부는 핵 발전을 친환경 저탄소 에너지원으로 홍보하고 있어요. 그러면서 기후 위기 대응을 핑계로 핵 발전을 확대하고 있어요. 기존에 가동 중인 24기의 핵 발전소도 모자라 원자로 4기를 추가로 건설하고 있어요. 핵을 앞세우면 시민의 안전은 뒷전일 수밖에 없어요. 현실의 정부도 영화 〈판도라〉의 정부와 달라 보이지 않아요.

기후 단체

◆ 기후변화에 관한 정부간 협의체

'기후변화에 관한 정부간 협의체IPCC'는 기후 위기 문제에 대응하기 위해 세계기상기구WMO와 유엔환경계획UNEP이 1988년 공동으로 설립한 유엔 산하 국제기구예요. IPCC는 전 세계에서 진행된 기후 변화와 관련된 연구 결과들을 종합적이고 과학적으로 분석해 5년에서 7년마다 보고서를 발간하고 있어요. IPCC에는 전 세계 195개 유엔회원국의 과학자 수천 명이 자발적으로 참여하고 있으며, 1990년 1차 보고서를 시작으로 2022년까지 6차례 보고서를 발간했어요.

IPCC의 보고서는 기후 변화에 관한 최고의 권위를 갖고 있으며 이는 세계 각국이 기후 위기 대응과 국제 협력을 하는 데 필요한 과학적 근거를 제공하고 있어요. IPCC의 이 같은 노력은 국제 사회의 인정을 받아 2007년 노벨 평화상을 받았어요.

◆ 에너지정의행동

자본에 짓밟히는 생명을 지키기 위한 운동을 2000년부터 해 오던 '청년환경센터'가 에너지 문제에 좀 더 집중하기 위해 2010년에 단체 이름을 '에너지정의행동'으로 바꾸었어요. 2022년 에너지정의행동은 탈핵 행동, 고리 원전 2호기 수명연장 반대 행동, 정의로운 에너지 계획 수립 촉구, 924 기후정의행진, 탈석탄 등의 활동을 진행했어요. 또한 핵 발전소 폐쇄 서명운동본부를 발족하고 교육 자료와 교구를 나누는 등 핵에너지에 의존하지 않는 사회를 만들기 위한 다양한 캠페인을 펼쳤어요.

에너지정의행동은 핵 발전으로 기후 위기를 막지 못한다는 사실을 분명히 밝히고 있으며 소형모듈원자로를 포함해 모든 핵 발전의 위험성과 부당함을 알리기 위해 노력하고 있어요.

기후 달력

◆ 비키니 데이: 3월 1일

비키니 데이는 수영복을 입고 패션쇼를 하는 날이 아니에요. '핵 피해 추모의 날'이에요. 1954년 3월 1일 남태평양의 산호섬 비키니에서 수소 폭탄을 터뜨리는 핵 실험이 실시되었어요. 규모는 제2차 세계 대전 때 일본 히로시마에 투하된 핵폭탄의 1000배가 넘었다고 해요. 버섯구름은 하늘 높이 올라가 '죽음의 재'라고 불리는 방사능 물질을 퍼뜨렸어요. 이날 아침 비키니에서 160킬로미터 벗어난 바다에서 참치잡이를 하던 일본 어선 제5 후쿠류마루호에도 죽음의 재가 떨어져 선원 전원이 방사능에 피폭되었어요. 이때 피해를 입은 선원 중 한 명인 쿠보야마 아이키치는 "원수폭원자력 폭탄, 수소 폭탄에 의한 희생자는 내가 마지막이었으면 좋겠다."는 유언을 남긴 채 피폭 6개월 만에 39세의 나이로 세상을 떠났어요.

히로시마, 나가사키에 이어 핵폭탄에 의한 희생자가 또다시 나오자 일본에서는 반핵 운동이 폭발적으로 일어났어요. 그로 인해 이듬해인 1955년 8월 히로시마에서는 제1회 원수폭 금지 세계대회가 열렸어요. 이때 5000명이 넘는 사람들이 참여했다고 해요. 또 매년 3월 1일이면 제5 후쿠류마루호가 출항했던 시즈오카현에서는 일본인들의 핵 반대 열망을 담은 비키니 데이가 개최되고 있어요. 한편 나가사키에서는 일제 강점기에 강제 노역 등으로 일본에 끌려왔다가 핵폭탄에 희생된 한국인을 추모하는 행사도 함께 개최된다고 해요.

일본인은 3월 1일을 핵폭탄의 피해자 입장에서 기억할지 몰라요. 하지만 이날은 핵폭탄의 또 다른 희생자인 한국인을 추모하는 날이기도 해요. 또 3월 1일은 우리가 일본의 강제 지배에 항거해 독립을 요구했던 삼일절(3·1절)이에요. 우리가 두 개의 3월 1일을 기억해야 하는 이유예요.

◆ 재생 에너지의 날: 10월 23일

2019년 10월 23일 서울에서 세계재생에너지총회가 열렸어요. 한국재생에너지산업발전협의회는 이날을 '재생 에너지의 날'로 정해 해마다 기념하고 있어요.

그런데 재생 에너지의 날은 국가 기념일이 아니에요. 반면에 '원자력의 날'12월 27일은 국가 기념일이에요. 이날은 2010년 이명박 정부가 2009년 아랍에미리트연합에 원자력 발전소의 첫 수출이 확정된 것을 기념해 제정한 날이에요. 원자력 산업의 진흥을 촉진하기 위해 기념일을 정했다고 하는데 힘껏 북돋아야 할 산업이 원자력만 있지는 않아요. 그런 식이라면 산업 발전의 밑바탕이 되었던 석탄과 석유도 빼놓을 수 없어요. 하지만 석탄의 날도, 석유의 날도 없어요. 특정 에너지 산업 분야를 국가가 기념일로 정한 것은 원자력이 유일해요. 더군다나 원자력은 미래 산업이 아니에요. 석탄이나 석유와 마찬가지로 사양 산업이에요.

반면에, 재생 에너지는 온실가스를 거의 배출하지 않는 친환경 미래 산업이에요. 기후 위기 시대에 재생 에너지보다 중요한 산업은 없어요. 늦은 감이 있지만 지금이라도 정부는 재생 에너지의 날을 국가 기념일로 지정해 재생 에너지의 확대 보급과 연구 개발에 힘써야 해요.

Keyword

4장 도시와 사회

❶ 도시

도시란, 정치와 경제, 사회, 문화, 예술 활동의 중심지이며 대량의 에너지를 소비하는 곳이에요.

지구상의 도시 면적은 육지의 2퍼센트에 불과해요. 하지만 전 세계 인구의 56퍼센트가 도시에 거주하고 있어요. 2014년 유엔이 전망한 2050년 세계의 도시화율은 70퍼센트에 달해요.

도시는 온실가스 배출에 대한 큰 책임이 있어요. 전 세계 에너지의 65퍼센트를 도시가 소비하고 있으며, 이산화탄소의 75퍼센트가 도시에서 배출되고 있어요. 도시가 빠르게 대응하지 않으면 우리는 기후 위기를 벗어날 수 없어요.

최근 세계의 유명 도시들은 기후 문제를 풀기 위해 노력하고 있어요. 예를 들어, 미국의 뉴욕 시는 '기후활성화법'을 만들어 2050년까지 온실가스를 2005년에 비해 80퍼센트 줄이기로 했어요. 특히 병원 등을 제외한 신축 건물은 2027년부터 천연가스를 사용할 수 없도록 했어요. 최근 독일의 함부르크 시는 '기후보호법'을 개정해 건물 난방에 필요한 에너지의 15퍼센트 이상을 재생 에너지로 공급하는 것을 의무화했어요. 여기에 더해 함부르크 시민들은 '안녕 석탄'이라는 연대 모임을 만들어 석탄 발전을 금지하는 법안을 통과시켰어요.

온실가스가 기후 위기를 일으킨다는 점에서, 온실가스를 대량 배출하는 도시는 분명 가해자예요. 하지만 도시는 피해자이기도 해요. 우리나라의 도시화율은 무려 92퍼센트라고 해요. 도시가 일으킨 문제는 도시가 풀어야 해요. 그러니까 매듭은 묶은 사람이 풀어야 하는 거예요.

EP.1 <u>도시열섬</u>

도시열섬Urban Heat Island이란, 도시의 기온이 주변 지역보다 높은 현상을 말해요. 예컨대, 서울은 여름철에 산지보다 2.32도, 강변보다는 1.08도 기온이 높아요. 도시는 콘크리트 건물과 아스팔트 등 인공물이 열을 흡수해 쉽게 기온이 올라요.

도시열섬을 줄이는 방법 중 하나는, 지붕 색을 밝게 칠하는 거예요. 2021년, 호주의 시드니 시는 어두운색 지붕을 금지하기로 했어요. 밝은색 지붕은 햇빛을 반사하기 때문에 폭염 때 실내 온도를 10도 정도 낮출 수 있다고 해요. 미국 뉴욕 시에서도 밝은색 지붕을 설치하는 '쿨 루프 프로그램'을 추진 중이에요.

도시열섬을 줄이는 또 다른 방법은 도시 녹화도시에 식물을 심는 것예요. 유럽연합 공동연구센터에 따르면, 유럽 도시 표면의 35퍼센트 이상에 식물을 심으면 도심 온도를 최대 6도 정도 낮출 수 있다고 해요. 식물이 빨아들인 물이 증발하면서 도시의 열을 낮추는 거예요. 한여름, 뜨거운 콘크리트 바닥에 물을 뿌리면 주변이 시원해지는 원리예요.

도시열섬이 심각해지는 이유는 온실가스 때문이에요. 우리가 온실가스를 빠르게 줄이지 못한다면, 탄소중립이 이루어지더라도 뜨거운 도시 기후에 적응하며 살아갈 수밖에 없어요. 도시의 뒷산을 잘 가꾸고, 빈 땅에 숲을 조성하며, 콘크리트와 아스팔트를 들어내고 나무를 심어야 하는 이유예요. 특히 도심지의 숲은 이산화탄소를 흡수할 뿐만 아니라 주변의 기온을 낮춰 건물 냉방에 필요한 에너지를 절약할 수 있어요. 화석 연료 의존도가 높은 우리나라에서 도시 숲은 선택이 아니라 필수예요.

❷ 친환경 도시

친환경 도시란, 환경 파괴와 에너지 소비를 최대한 줄여 사람과 자연이 공존하는 도시를 말해요.

우리나라 전체 온실가스 배출량에서 수송 분야가 차지하는 비중은 14퍼센트예요. 그중 자동차가 96.5퍼센트를 차지해요. 친환경 도시가 교통 정책의 중심을 승용차가 아니라 도보와 자전거에 두는 이유예요.

프랑스 파리는 '15분 도시'를 만들고 있어요. 도보나 자전거로 15분 안에 갈 수 있는 거리에 학교와 상점, 병원, 문화 시설, 공공시설 등을 조성하는 것이 15분 도시예요. 이를 위해 파리시는 차량을 줄이고 수백 킬로미터의 자전거 전용 도로와 수만 곳의 자전거 정거장을 설치하고 있어요.

친환경 도시의 특징 중 하나는 자동차 의존도가 높지 않다

Keyword

는 거예요. 예를 들어, 미국의 포틀랜드에서 시민들은 도보나 자전거 또는 대중교통을 이용해 출퇴근을 하고 주요한 생활 편의 시설에 쉽게 접근할 수 있어요. 덴마크의 코펜하겐은 전체 도로 중의 43퍼센트 이상이 자전거 도로예요. 시민의 62퍼센트가 매일 자전거를 교통수단으로 이용하고 있어요. 독일의 프라이부르크는 자전거의 교통 분담률이 28퍼센트에 달할 정도로 중요한 교통수단 중 하나예요.

네덜란드 사람들은 매일 평균 2.6킬로미터씩 자전거를 탄다고 해요. 만약 전 세계인이 네덜란드 국민처럼 자전거를 탄다면 해마다 6억 8600만 톤의 이산화탄소를 줄일 수 있다고 해요. 독일의 연간 탄소 배출량에 버금가는 양이에요. 친환경 도시로 가는 길은 바로 여기, 두 발에 있어요.

EP.2 탄소중립 도시

    탄소 배출 제로^{0}를 실천하는 지역 중에 베드제드가 있어요. '베드제드^{BedZed}'는 영국 남부의 세계적인 친환경 주택단지 예요. 원래 하수 처리장이던 곳을 공익 단체들이 힘을 모아 주변 지역에서 나오는 폐자재 등을 재활용해 100가구 규모의 단지로 개발했어요. 베드제드의 가구당 전력 소비량은 영국의 일반 가정보다 45퍼센트 적다고 해요. 비결은 30센티미터에 이르는 두꺼운 건물 벽과 3중 유리창에 있어요. 철저한 단열로 에너지를 대폭 절약한 거예요. 또한 건물 지붕과 창문에 태양광 패널을 설치해 전체 전력의 20퍼센트를 공급하고 있어요.

    탄소중립은 친환경 도시의 목표 중 하나예요. 예를 들어, 2012년 덴마크 정부는 2025년까지 코펜하겐을 세계 최초의 탄소중립 도시로 만든다고 선언했어요. 이를 위해 코펜하겐 시는 화석 연료를 퇴출시키고 에너지의 빈자리를 풍력 발전

등 재생 에너지로 채우고 있어요. 2021년 미국의 로스앤젤레스 시의회는 2035년까지 시에서 필요한 전기의 100퍼센트를 재생 에너지로 전환하기로 했어요.

 탄소중립 도시가 되는 것은 쉽지 않아요. 하지만 가능해요. 실천 방안 중 하나는 되도록 건물을 짓지 않는 거예요. 서울 기준으로, 탄소의 69퍼센트 정도가 건물에서 나온다고 해요. 전기차를 늘린 만큼 기존의 자동차를 줄이고, 도로를 자전거에 과감히 내줘야 해요. 또한 탄소 배출은 줄이고 흡수는 늘리며 재생 에너지를 확대 보급하려는 도시 계획은 물론, 탄소중립 정책을 적극적으로 지지하는 시민의식이 필요해요.

❸ 예술

예술이란, 아름다움을 드러내는 방식이며 사람에게 감동을 주는 모든 활동을 말해요.

화석 연료의 바탕에서 만들어진 우리의 생활 방식은 기후 위기를 일으키는 주요한 원인이 되었어요. 우리가 지금처럼 살아간다면 기후 문제를 해결할 수 없어요. 우리의 생활 방식을 바꾸려면, 기후 위기를 알리는 숫자나 데이터만큼이나 사람의 마음을 움직이는 예술도 필요해요.

여론 조사에 따르면, 어느 나라든 기후 위기의 심각성에 동의하는 사람이 대다수라고 해요. 하지만 기후 문제를 해결하기 위해 자신의 삶을 바꾸는 사람은 많지 않아요.

머리에서 가슴으로 가는 여정은 길지만, 가슴에서 손으로 가는 여정은 더 길다고 했어요. 기후 위기를 막기 위해 어떻게

해야 하는지 머리로는 알지만 실천하지 않는 이유는 절박하지 않기 때문이에요. 아는 것보다 중요한 것은 느끼는 거예요.

그런데 사람의 마음을 움직이는 것은 숫자나 데이터가 아니에요. 오히려 예술이에요. 예를 들어, 실험 예술 연구 단체 '초록소'는 무용 작품 〈28조톤〉을 공연했어요. 〈28조톤〉은 1994년 이후 기후 위기로 사라져 버린 28조 톤의 얼음에 대한 이야기를 무용으로 풀어낸 작품이에요. '국립극단'은 기후 위기를 다큐멘터리극 형식으로 이야기하는 〈기후비상사태: 리허설〉을 공연했어요. 이런 예술 작품들은 때로 커다란 목소리나 글보다 더 강한 울림을 줄 수 있어요. 예술은 사람들을 감동시키고 우리 삶을 변화시켜 기후 행동을 이끌어 내는 힘을 갖고 있어요.

EP.3 패션

해마다 1000억 벌 이상을 생산하는 의류 산업이 전 세계 온실가스 배출량에서 차지하는 비중은 6.7퍼센트라고 해요. 결코 작지 않은 규모인데, 이는 패스트 패션의 영향이 커요.

패스트 패션이란 빠르게 변하는 유행에 따라 업체가 디자인부터 생산, 유통, 판매까지 전 과정을 아우르는 것을 말해요. 값싸게 만들어 대량으로 유통시키는 것이 패스트 패션의 특징이에요. 공장에서 과잉 생산된 의류는 할인 판매를 하지 않기 위해 새 제품 그대로 매립되거나 열병합발전소에서 태워지기도 해요. 2020년 미국에서 매립된 의류의 가치만도 수백억 달러가 넘어요. 의류의 60퍼센트 이상은 플라스틱의 일종인 합성섬유로 되어 있어 수백 년 동안 썩지 않을 거예요.

패스트 패션이 있다면 그 반대편에는 슬로 패션이 있어요. 유행에 휩쓸리지 않고 기존 디자인을 수정하고 개선해서 옷을 고쳐 입는 것이 슬로 패션이에요. 옷을 오래 입는 것은 기후에 부담을 주지 않는 최고의 방법 중 하나예요. 슬로 패션을 대표하는 글로벌 의류 브랜드 파타고니아Patagonia가 10여 년 전, "우리 재킷을 사지 마세요."라는 광고를 내보내고 '옷 수선 트럭'을 운영하면서 옷을 고쳐 주는 서비스를 제공하는 이유예요.

2022년 초에 미국 뉴욕주에서 패션 산업을 규제하는 최초의 법안이 발표되었어요. 핵심 의도는 파리기후변화협약에 따라 온실가스를 제대로 줄이는지 감독하겠다는 거예요. 법을 위반하면 매출액의 2퍼센트에 해당하는 막대한 벌금을 물을 수 있다고 해요. 기후 위기 시대에 패션 업체가 살아남을 유일한 방법은 '패스트'를 버리고 '슬로'로 빠르게 전환하는 거예요.

④ 채식

채식이란, 식물성 중심으로 식단을 꾸리는 것을 말해요.

2006년, 유엔 식량농업기구^{FAO}는 《축산업의 긴 그림자》라는 보고서를 발표했어요. 핵심 내용은 축산업이 배출하는 온실가스가 기후를 변화시킨다는 거예요. 제레미 리프킨은 자신의 저서 『육식의 종말』에서 남미산 소고기 햄버거 1개를 만들 때 열대 우림 5제곱미터가 사라진다고 했어요. 채식이야말로 개인이 할 수 있는 최고의 기후 행동 중 하나예요.

채식은 육류와 생선은 물론 우유, 계란, 꿀 등 동물에서 나오는 식품이라면 전혀 먹지 않는 '비건^{Vegan}'에서부터 일주일에 한 끼 정도 동물성 식품을 안 먹는 '채식 지향'에 이르기까지 다양한 유형이 있어요. 과거에 채식이 건강을 이유로 선택되었다면, 최근에는 동물의 권리와 기후 위기를 생각하며 채식을 실천하는 '가치 지향적' 채식주의자가 늘고 있어요. 상당수의 채식주의자들은 비건의 가치를 지키되, 이따금 고기를 먹기 때문에 스스로를 '비건 지향'이라고 불러요.

2009년 영국의 유명 록그룹 비틀스의 멤버인 폴 매카트니는 '고기 없는 월요일Meat Free Monday'을 제안했어요. 미국 존스홉킨스 대학에 따르면, 일 년 동안 한 사람이 일주일에 한 끼 채식을 하면 30년산 소나무 15그루가 온실가스를 흡수하는 효과를 낸다고 해요. 2022년 프랑스 하원은 '공립 학교는 적어도 일주일에 한 번 고기 없는 메뉴를 제공해야 한다.'는 내용의 '기후법'을 통과시켰어요. 우리나라에서도 서울시교육청이 2022년부터 76개 학교의 학생들에게 '채식 선택권'을 주고 샐러드 바 형태로 채식 메뉴를 제공하고 있어요.

EP.4 <u>소 방귀세</u>

전 세계 축산 부문이 배출하는 온실가스의 65퍼센트는 10억 마리의 소에서 나와요. 주로 소의 트림으로 배출되는 메탄은 강력한 온실가스예요. 북유럽 국가인 에스토니아의 메탄 배출량에서 소가 차지하는 비중은 25퍼센트에 달해요. 이에 에스토니아는 2009년부터 축산 농가에 '소 방귀세'를 부과하기 시작했어요. 소의 거부할 수 없는 생리 현상에 세금을 물린다니 지나가던 소가 웃을 일이에요.

사실 소한테서 나오는 온실가스보다 소를 기르고 사료를 재배할 농지를 확보하기 위해 숲을 불태우는 과정에서 배출되는 온실가스가 더 많아요. 소고기 1킬로그램 생산에 16킬로그램의 옥수수 사료가 필요해요. 소를 기르려면 옥수수를 먼저 재배해야 해요. 이것은 이중의 토지 낭비예요. 농지 확보를 위해 숲을 파괴하는 것이 하나의 낭비이고, 개간된 농지에서 사람이 먹을 식량이 아니라 소를 먹일 사료를 재배하는 것이 또 다른 낭비예요. 현재 농업용 토지의 절반 이상은 가축용 사료 생산에 쓰이고 있어요. 그리고 생산된 곡물 중 사람의 몫은 절반이 안 돼요. 기아 아동의 80퍼센트가 가축용 곡물을 수출하는 나라에 살고 있다고 해요. 농지에서 사람이 먹을 식량을 재배한다면 더 많은 아이들이 밥을 먹을 수 있을 거예요.

　고기를 먹는 것은 어디까지나 개인의 자유예요. 하지만 '고기 없는 월요일'처럼 일주일에 한 번 밥상을 바꿔 보는 것도 나쁘지 않아요. 건강을 챙기고 숲의 파괴도 막아 기후 위기를 늦추는 것은 물론, 배곯는 아이들도 줄일 수 있을 거예요. 참, 소가 방귀 뀐다고 트집 잡힐 일도 없어질 거예요.

⑤ 건강

건강이란, 우리의 몸과 마음이 온전하게 있는 상태이며 기온이 오를수록 건강은 나빠져요.

지구의 평균 기온이 1도만 올라도 건강이 나빠질 가능성은 3배 증가한다고 해요. 폭염 때 기온이 1도가 더 오르면 사망률은 5퍼센트가 늘어난다는 연구 결과도 있어요. 2021년 영국 기상청은 기온이 2도 오르면 전 세계 10억 명의 사람이 폭염으로 고통 받을 것이라고 전망했어요.

2022년 8월 10일 제주도의 한낮 기온은 37.5도를 가리켰어요. 1923년 기상 관측을 시작한 이래 최고 기온이고 여름철 폭염 일수 또한 총 26일로 역대 기록을 갈아치웠어요. 폭염 일수란 최고 기온이 33도 이상인 날의 수를 말해요. 지난 2018년 여름, 일본의 노인 수십 명이 열사병으로 목숨을 잃은 적이 있어요. 열사병은 온도와 습도가 모두 높아 피부의 수분이 증발하지 않고 체온 조절이 안 되는 상태를 말해요. 우리 몸이 폭염을 견딜 수 있는 한계는 습구 온도로 35도예요. 이 온도에서는 그늘에 있는 건강한 사람도 6시간 안에 죽음에 이른다고 해요.

연구에 따르면, 2100년까지 열대야 때문에 죽는 사람이 2010년에 비해 6배 늘어난다고 해요. 열대야란 여름밤의 기온이 25도 이하로 떨어지지 않는 현상이에요. 특히 2090년이 되면 한국과 중국, 일본의 대표적인 도시들에서 5~9월 평균 밤 기온이 39.7도까지 높아질 수 있다고 예측했어요. 기후 위기가 우리의 건강마저 위협하고 있어요. 기후 위기를 늦추는 것은 우리와 미래 세대의 건강과 생명을 지키는 거예요.

EP.5 <u>기후 우울증</u>

    기온 상승은 정신 건강에도 영향을 미쳐요. 호주에서 진행된 연구 결과에 의하면, 월 평균 기온이 1도 오를 때마다 정신 건강 관련 사망자가 2.2퍼센트 증가한다고 해요. 영국 옥스퍼드 대학의 연구에 따르면, 고온의 날씨가 정신질환을 가진 사람들의 우울증과 불안 증상을 악화시킨다고 해요.

    기후 위기로 인한 감정 상태는 우울증으로 이어질 수 있어요. 환경부의 국가환경교육센터 자료를 보면, 기후 우울증은 기후 위기로 미래가 사라졌다는 인식이 슬픔과 상실감, 분노 등의 부정적 감정으로 이어지는 심리 상태를 의미해요. 미국 심리학회APA의 보고서는 환경 파괴에 대한 만성적인 두려움을 느끼는 상태를 기후 불안증으로 정의하고 있어요. 공식적인 정신질환 분류가 있는 것은 아니지만, 해외에서는 기후 위기가 정신 건강에 미치는 부정적 영향을 기후 불안, 생태 불안이라고 부르며 활발하게 연구를 진행하고 있어요. 기후 운동가인 그레타 툰베리도 11살 때 기후 우울증을 심하게 앓았어요. 당시에 툰베리는 두 달 동안 식사를 거부해 몸무게가 10킬로그램이나 줄었다고 해요.

2021년 우리나라의 초록우산어린이재단이 청소년 500명에게 물은 결과, 88퍼센트 이상이 '기후 위기가 일상에 미치는 영향을 걱정한다.'고 답했어요. 58퍼센트는 '기후 위기 때문에 자녀 갖는 것을 고민한다.'고 응답해 우리나라 청소년들도 기후 우울증에서 자유롭지 않다는 것을 알 수 있어요. 기후 위기를 환경문제로만 바라보지 않고 사회적, 심리적으로 접근할 필요가 있다는 말이에요.

◆ KBS 환경스페셜 〈옷을 위한 지구는 없다〉

2019년 9월 영국 런던에서 패션쇼를 반대하는 시위가 열렸어요. 시위 대는 '지구가 죽으면 패션도 없다.'고 주장했어요. 2021년 10월 프랑스 파리에서 열린 유명 브랜드 루이비통의 패션쇼에 환경 단체 '지구의 벗' 회원이 '과소비=멸종'이라고 쓰인 펼침막을 들고 나타났어요. 이들이 소동을 벌인 이유는 패션 산업의 폭주를 막기 위해서였어요.

다큐멘터리 〈옷을 위한 지구는 없다〉를 보면 패션 산업으로 인한 환경오염과 세계 불평등 문제뿐 아니라 패션 산업이 기후에 끼치는 영향을 확인할 수 있어요. 우리는 팔리는 옷보다 더 많이 생산하고, 입을 옷보다 더 많이 구매하고 있어요. 해마다 1000억 벌의 옷이 생산되고 330억 벌의 옷이 버려진다고 해요. 패션 산업은 옷을 대량 생산하고 대량 소비하며 또 대량 폐기하는 과정에서 막대한 양의 온실가스를 배출하고 있어요. 패션 산업에서 배출되는 온실가스의 양이 전 세계의 항공기와 선박이 배출하는 온실가스보다 많다고 해요. 예를 들어, 청바지 1벌을 만들 때 배출되는 탄소는 33킬로그램이라고 해요. 이는 자동차가 111킬로미터를 갈 때 배출되는 양과 같아요. 해마다 청바지는 40억 벌이 만들어지고 있어요.

최근 생산되는 옷의 절반 이상은 폴리에스터가 원료예요. 폴리에스터는 석유로 만들어지며 페트병의 재료이기도 해요. 폐페트병을 재활용해 만든 옷은 환경도 보호하고 온실가스도 덜 배출해요. 하지만 지금처럼 재활용 옷을 일회용 취급한다면 페트병으로 옷을 만들어도 소용이 없어요. 옷을 아껴 입고, 나눠 입고, 바꿔 입고, 다시 입고, 고쳐 입는 '아나바다고' 운동으로 우리의 삶과 패션 산업을 변화시켜야 해요.

기후 단체

◆ 뉴스펭귄

기후 위기와 멸종을 이야기하는 뉴스 매체는 많아요. 하지만 멸종과 기후 위기만을 집중적으로 다루는 뉴스 매체는 〈뉴스펭귄〉밖에 없어요. 〈뉴스펭귄〉의 기후 위기 관련 보도는 온라인의 사회 관계망에서 젊은 세대로부터 큰 호응을 얻고 있고, '우리 고장 멸종위기종', '그래픽 멸종위기종 도감' 등의 뉴스 또한 학교에서 환경 교육 교재로 활용될 정도로 독자적이고 충실한 내용을 담고 있어요. 〈뉴스펭귄〉은 2017년 창간 선언에서 지구 가열화를 촉진하는 기후 악당 기업의 광고를 받지 않겠다고 발표했는데 이를 지금까지 지키고 있다고 해요.

◆ 멸종저항

멸종저항XR: Extinction Rebellion은 사람을 포함한 지구 생명을 멸종으로 몰아가는 기후 위기를 막기 위해 시민 불복종 행동으로 정부와 기업을 압박하는 국제 기후 환경 단체예요. 전 세계 주요 도시의 중심가와 명소, 정부 기관 등을 점령하는 방식으로 활동하며 지금까지 수백 명의 활동가가 경찰에 체포되었다고 해요. 최근에는 멸종저항 활동가 두 명이 호주 멜버른의 미술관에 전시된 파블로 피카소의 1951년 작품 〈한국에서의 학살〉에 자신들의 손을 접착제로 붙이는 퍼포먼스로 여론의 주목을 받기도 했어요. 물론, 전시된 작품은 모조품이라 진품이 훼손될 우려는 없다고 해요. 이들은 발밑에 '기후 위기=전쟁+기근'이라고 적힌 펼침막을 놓아 기후 위기가 그림에 묘사된 고통과 떼어 낼 수 없는 관계임을 보이려 했어요. 2021년 3월에는 '멸종저항 서울' 소속 기후 활동가 6명이 '가덕도 신공항 특별법' 통과에 항의하기 위해 서울 여의도의 더불어민주당 중앙당사 지붕을 점거하기도 했어요. '멸종저항 서울'은 2020년 7월에 출범하면서 '비상한 기후 위기의 시대 우리의 행동도 비상해진다'는 기자회견을 가진 바 있어요.

기후 달력

◆ 푸른 하늘의 날: 9월 7일

'푸른 하늘의 날'은 기후 위기에 대한 이해와 관심을 높이기 위해 우리나라가 주도해서 채택된 유엔 기념일이자 국가 기념일이에요. 2019년 뉴욕에서 개최된 기후행동 정상회의에서 우리나라 정부는 '푸른 하늘의 날' 지정을 국제 사회에 제안했고 그해 12월 유엔총회에서 9월 7일을 '푸른 하늘을 위한 국제 맑은 공기의 날'로 지정했어요.

최근 초미세먼지를 포함해 미세먼지의 농도가 높아지면서 맑은 공기로 숨을 쉰다거나 푸른 하늘을 구경하기가 점점 어려워지고 있어요. 미세먼지는 황사나 흙먼지, 산불, 화산 활동 등으로 생기지만 그보다 많은 양이 공장이나 발전소, 공사장, 보일러, 자동차 등에서 발생하고 있어요. 미세먼지는 우리의 호흡기를 공격해 건강을 해칠 뿐 아니라 환경과 생태에도 나쁜 영향을 끼쳐요. 햇빛을 막아 작물 생장에 지장을 주고 꿀벌 군집을 붕괴시키며 바다 생태계를 교란시키는 등 많은 피해를 주고 있어요.

미세먼지 문제를 근본적으로 해결하려면 석탄 화력 발전소의 폐쇄와 차량 운행의 감소, 경유차 폐지 등을 이뤄 내야 해요. 이는 기후 위기를 완화시키는 방안이기도 해요. 다시 말해 기후 위기를 늦추는 노력을 하면 미세먼지 문제도 함께 해결할 수 있다는 거예요. 푸른 하늘을 되찾는 가장 빠른 길은 기후 위기를 극복하는 과정에서 찾을 수 있어요.

◆ 세계 차 없는 날: 9월 22일

'차 없는 날'은 1997년 프랑스 서부의 작은 도시 라로쉘에서 처음 시작했어요. 대기오염과 소음 등을 줄이려 시작한 이 행사는 1998년 프랑스 전역에서 시행되더니 2000년에는 유럽 전역에서 시행되었고, 2001년 9월 22일부터는 전 세계로 확대되었어요. 지금도 매년 '세계 차 없는 날'이면 40여 개국 2000여 도시가 참여해 소방차나 구급차 같은 긴급 차량, 대중교통을 제외한 모든 차량의 운행을 자제하고 있어요.

가솔린이나 디젤 등 화석 연료를 태워 움직이는 내연 기관 자동차는 기후 위기를 일으키는 주요 원인 중 하나예요. 전 세계에서 화석 연료를 태워 배출하는 이산화탄소의 24퍼센트는 수송 부문에서 나오는데 이 중 45퍼센트가 자동차 부문에서 발생한다고 해요. 미국의 캘리포니아 주정부가 2026년까지 신차 판매량의 35퍼센트를 전기차나 수소차로 채우고 2030년까지 그 비율을 68퍼센트까지 단계적으로 올리겠다고 선언한 이유예요. 최근 유럽연합과 캘리포니아 주정부는 2035년부터 내연 기관 차량의 판매를 금지하는 법안을 통과시켰어요. 하지만 지구의 평균 기온 상승을 1.5도 이하로 억제하려면 전 세계가 나서야 해요. 아울러 2030년 이전까지 모든 나라에서 내연 기관 차량의 판매를 전면 금지시켜야 해요.

물론 내연 기관 차를 없애고 전기차를 타는 것만으로 기후 위기는 해결되지 않아요. 무엇보다 차량 운행을 줄여야 해요. '세계 차 없는 날'을 달리 보면, '걷거나 자전거를 타는 날'이에요. 자동차가 없어도 불편하지 않는 거리와 도시, 나라가 많아질수록 기후 위기는 우리에게서 멀어질 거예요.

Keyword

5장   정치와 경제

. . . .

❶ 유엔 기후변화협약

유엔 기후변화협약^{UNFCCC}이란, 세계 각국이 기후 위기를 해결하기 위해 1992년 브라질의 리우데자네이루에서 합의한 국제 협약이에요.

기후변화협약을 맺은 나라들은 1995년부터 매년 총회를 열고 있어요. 이것이 당사국총회^{COP}예요. 당사국총회는 유엔 기후변화협약의 최고 의사 결정 기구예요.

1997년 일본에서 열린 제3차 당사국총회^{COP3}는 교토의정서를 채택했어요. 주요 선진국 37개국이 참여했으나 온실가스 배출에 큰 책임이 있는 미국과 캐나다 등이 참여하지 않고 한국과 중국, 인도 등은 개발도상국이라는 이유로 온실가스 배출을 줄여야 하는 의무를 지지 않았어요. 하지만 기후 위기는 선진국들의 노력만으로 넘을 수 있는 문제가 아니에요. 이

Keyword

에 2015년 프랑스 파리에서 열린 제21차 당사국총회에서는 195개국 유엔 회원국 모두가 온실가스 감축에 참여하는 파리 기후변화협정(파리협정)이 맺어졌어요. 파리협정의 목표는 지구의 평균 기온을 산업화 이전보다 2도 이상 오르지 않게 하고 더 나아가 1.5도 아래로 억누르는 거예요.

2017년 미국의 대통령 도널드 트럼프는 파리협정 탈퇴 선언을 했어요. 트럼프는 오랫동안 기후 위기를 부정해 왔고 파리협정 탈퇴는 그의 선거 공약 중 하나였어요. 다행히 2021년 1월, 미국의 조 바이든이 대통령에 당선되고 파리협정에 재가입하면서 사태는 마무리되었어요. 한 나라의 기후 위기 대응 수준은 그 나라의 정치 수준과 맞닿아 있어요. 기후를 바꾸려면 기후 위기 극복에 진심인 정치가에게 표를 줘야 해요.

EP.1 국가 온실가스 감축 목표

국가 온실가스 감축 목표NDC란, 온실가스 배출량을 얼마나 줄일 것인지 각 나라가 스스로 정해 유엔 기후변화협약에 공식적으로 제출하는 계획이에요. 우리나라는 2030년까지 2018년에 비해 온실가스 배출량을 40퍼센트 줄이고, 2050년까지 탄소중립을 달성하기로 선언했어요.

그런데, 파리협정을 포함해 기후 위기와 관련된 모든 국제 협약은 법적 구속력이 없어요. 따라서 그 의무를 다하지 않아도 국제법에 의해 벌금을 내거나 처벌을 받지 않아요. 그러다 보니 감축 목표가 선언에 그치는 경우가 많아요. 심지어 화석 연료 기업에 막대한 국가 보조금을 지원하는 경우도 있어요. 예를 들어, 우리나라를 포함한 주요 20개국은 파리협정에서 화석 연료에 대한 국가 보조금을 없애기로 했지만 지난 수년 동안 3조 3000억 달러(약 4290조 원)를 지원한 것으로 드러났어요.

Episode

최근, 우리나라의 경제계와 정치계 일부는 온실가스 감축 속도가 너무 빠르다며 반발하고 있어요. 온실가스 감축 목표를 낮추지 않으면 산업이 붕괴되고 일자리가 사라질 수 있다는 거예요. 하지만 2030년까지 온실가스 배출량을 2013년보다 50퍼센트 줄이기로 한 일본이나 1990년보다 65퍼센트를 줄이기로 한 독일에 비해 우리나라의 감축 목표는 높은 편이 아니에요. 오히려 다른 선진국들에 비해 뒤처져 있어요.

2021년, 우리나라는 「탄소중립기본법」을 만들어 국가 온실가스 감축 목표가 35퍼센트 아래로 떨어지지 않도록 했어요. 민간의 자율적 협조에만 기대서는 탄소중립을 달성하기 어렵다고 판단한 거예요. 이는 국제 수준에 턱없이 못 미치지만, 정치적 판단에 따라 감축 목표가 후퇴하지 않도록 법적으로 최소한의 보호 장치를 마련한 거예요.

❷ 기후 불평등

기후 불평등이란, 기존의 불평등이 기후 위기 때문에 더욱 커지는 것을 말해요.

기후 위기는 모두에게 오지만, 그 고통의 크기는 달라요. 가난한 사람이나 어린아이, 장애를 가진 사람들에게 기후 위기의 고통은 더욱 커요. 기후 위기가 불평등을 증폭시키기 때문이에요.

2022년 여름, 파키스탄은 6월부터 내린 폭우로 국토의 3분의 1이 물속에 잠겼어요. 3300만 명이 집을 잃고 1500명 이상이 목숨을 잃었어요. 이 중 3분의 1이 어린아이였어요. 같은 해 8월 8일, 서울의 시간당 강수량은 115년 만에 최대를 기록했어요. 이날 내린 폭우로 서울의 어느 반지하 방에서 장애인 가족 세 사람이 목숨을 잃었어요.

Keyword

　기후 위기는 모든 사람에게 고통을 주지만, 빈곤층이 입는 피해는 부유층보다 더 클 수밖에 없어요. 부유층은 폭우와 폭염, 혹한에 대비하고 가뭄과 홍수에 대응할 수단을 갖고 있지만 빈곤층은 그렇지 못해요. 한여름에 돈이 없어 에어컨을 돌리지 못하고 영하의 날씨에도 전기장판을 켜지 못하는 가난한 사람들에게 기후 위기는 저승사자와도 같아요. 기후 위기 시대에 불평등은 곧 재난이에요.

　전 세계 소득 상위 10퍼센트가 배출하는 온실가스가 전체 온실가스 배출량의 49퍼센트를 차지한다고 해요. 경제는 온실가스를 배출하며 성장했지만 빈부 격차는 더 크게 벌어졌어요. 부유층이 일으킨 기후 위기 속에서 불평등은 증폭되고 빈곤층은 더 가난해지고 있어요. 불평등은 기후 위기에 뿌리를 대고 있어요. 기후 위기를 극복하는 것이야말로 불평등을 줄이는 확실한 방법이에요.

EP.2 <u>기후 난민</u>

　기후 난민이란, 가뭄과 폭염, 홍수 등의 직접적인 피해자 또는 기후 위기가 증폭시킨 테러나 내전, 전쟁 등으로 피해를 입은 사람들이 어쩔 수 없이 고국을 떠나는 것을 말해요. 예를 들어, 남태평양의 섬들은 가라앉고 있어요. 방글라데시는 2050년까지 국토의 17퍼센트가 침수돼 2000만 명의 기후 난민이 발생할 거라고 해요. 세계은행은 2050년이 되면 1억 4000만 명의 난민이 고향을 등질 것으로 보고 있어요. 그럼에도 기후 난민은 아직 공식적으로 없어요. 70여 년 전에 만들어진 유엔 협약에 기후 난민이라는 개념은 존재하지 않기 때문이에요.

　최초의 기후 난민은 아마도 시리아 난민일 거예요. 2010년 러시아는 폭염과 가뭄으로 밀 생산량이 줄자 수출을 막았어요. 그러자 국제 밀 가격이 폭등하고 러시아산 밀에 의존하던 시리아에 식량 파동이 일어났어요. 식량 파동은 2011년 시리

Episode

아 폭동의 도화선이 되었어요. 이웃 나라에서도 반정부 시위가 잇따라 일어나 독재 정권들이 무너지는 이른바 '아랍의 봄'이 찾아왔어요. 반정부 시위는 폭압적인 정부와 맞서다 끝없는 내전으로 번지고 이 과정에서 수백만 명의 시리아인이 삶의 터전을 잃었어요. 이들은 난민이 되어 유럽을 향해 떠났지만 받아준 곳은 독일과 튀르키예뿐이었어요.

 인도는 방글라데시에서 넘어오는 난민을 막기 위해 4000킬로미터가 넘는 철조망을 설치했어요. 국경 봉쇄는 근본적인 해결책이 아니에요. 기후 재난은 언젠가 모두에게 닥쳐요. 외면한다고 피할 수 없어요. 유엔이 기후 난민을 공식 인정하는 것은 결국 우리 모두를 위한 길이에요.

❸ 기후 정의

가난할수록 기후 위기에 쉽게 노출되는데, 그로 인한 피해 규모를 줄이려는 노력을 기후 정의라고 해요.

온실가스 배출에 대한 책임은 대부분 부자 나라와 부유층에 있어요. 그런데 그 피해 비용은 가난한 나라와 빈곤층이 더 많이 치르고 있어요. 기후 정의는 온실가스 배출로 경제적 이익을 누렸던 부자 나라와 부유층에게 기후 위기를 일으킨 책임을 묻는 개념이에요.

산업화 이전인 1751년부터 2017년까지 이산화탄소의 절반 이상은 미국(25퍼센트)과 러시아를 포함한 유럽(28퍼센트)에서 배출했어요. 이들이 배출한 온실가스는 세상 모든 곳에 퍼졌지만, 그로 인한 충격은 태평양 섬나라를 비롯한 후진국과 개발도상국이 가장 크게 받았어요.

Keyword

  기후 위기는 인류 공동의 문제이고 책임 또한 모든 나라에 있어요. 하지만 나라마다 처한 상황이 같지 않기에 서로 다른 무게의 짐을 질 수밖에 없어요. 이 때문에 유엔 기후변화협약은 '공동의 그러나 차별화된 책임'을 원칙으로 내세웠어요. 예를 들어, 2022년 유엔총회에서 안토니우 구테흐스 사무총장은 탄소 배출의 80퍼센트를 차지하는 주요 20개국G20이 기후 위기로 피해를 입은 나라들에 책임을 져야 한다며 '횡재세' 도입을 제안했어요. 횡재세란 에너지 가격 급등으로 대규모 이익을 거둔 기업들에 매기는 추가 세금이에요.

  기후 위기를 일으킨 부유한 나라와 부유층이 글로벌 펀드와 녹색 기후 기금 등을 만들어 가난한 나라와 빈곤층을 경제적으로 지원하고 기후 위기를 극복하기 위한 법과 제도를 마련하는 과정, 이것이 기후 정의예요.

EP.3 기후 소송

    기후 소송이란, 온실가스 배출에 큰 책임이 있는 정부와 기업을 향해 기후 위기 대응에 좀 더 적극적으로 나서라고 법적으로 요구하는 거예요. 기후 위기 시대에 개인이 할 수 있는 소극적인 정치 행위가 투표라고 한다면, 소송은 적극적인 정치 행위로 볼 수 있어요. 예를 들어, 2013년 네덜란드의 환경 단체 위르헨다 재단은 시민들과 함께 온실가스 감축 목표를 낮게 잡은 정부에 소송을 제기해 2015년 재판에서 이겼어요. 이는 기후 소송 역사상 최초의 승소로 기록되었어요.

    기후 소송은 온실가스를 배출한 기업에 대해서도 진행되었어요. 《한겨레》의 보도에 따르면, 2016년 페루의 농부 루치아노 리우야는 독일 환경 단체 저먼워치와 함께 독일의 다국적 거대 에너지 기업인 아르베에 그룹을 상대로 소송을 제기했어요. 리우야는 기후 위기로 빙하가 녹아 홍수의 위험이 커졌다며 홍수 예방을 위해 필요한 비용을 요구하였는데, 2022년 독일 법원은 페루에 현장조사단을 파견해 리우야가 주장하는 내용의 타당성을 살펴보았어요. 만약 리우야가 소송에서 이긴다면 우리도 온실가스 배출에 책임이 큰 기업들로부터 피해 보상을 받을 길이 열리게 돼요.

2021년, 독일 연방헌법재판소는 '미래를 위한 금요일' 등의 기후 단체가 제기한 소송에 대해, 정부가 온실가스 감축 목표를 2030년까지 65퍼센트까지 올려야 한다고 명령했어요. 2022년, 우리나라에서도 만 5세 미만의 어린아이 62명이 부모들의 도움을 받아 헌법재판소에 소송을 냈어요. 정부의 온실가스 감축 목표가 너무 낮아 미래 세대의 기본권을 침해한다는 것이 소송을 낸 이유인데, 헌법재판소가 올바른 판결을 내렸으면 좋겠어요.

④ 탄소세

탄소세란, 상품이 만들어지는 과정에서 배출된 온실가스에 매기는 세금이에요.

한때 물과 공기는 공짜였어요. 하지만 이산화탄소가 기후 위기를 일으킨다는 것이 과학적으로 밝혀진 이후 공기는 더 이상 공짜일 수 없어요. 유해 물질로 오염된 땅과 강, 바다를 회복시키기 위해 정부가 치른 비용의 일부를 환경 개선금이라는 이름으로 거두는 것처럼, 탄소세는 상품을 생산하는 과정에서 배출한 온실가스의 양만큼 내는 세금이에요.

유럽연합은 2026년부터 유럽으로 들어오는 수출품에 대해 탄소국경세를 걷기로 했어요. 탄소국경세란 철강, 전력, 시멘트, 비료, 플라스틱, 수소 등 온실가스를 배출하며 생산되는 상품에 탄소세를 매기는 거예요. 유럽 안에 있는 기업들은 탄소세를 내고 있으니 외국 기업들도 그만큼 세금을 내라는 것이 탄소국경세예요. 미국도 탄소국경세를 준비하고 있어요.

우리나라는 탄소세 제도가 없어요. 유럽과 미국에 대한 무역 의존도가 25퍼센트가 넘는 상황에서 탄소국경세가 시행되면 우리나라 기업들은 큰 타격을 입을 거예요. 더욱이 탄소국경세는 화석 연료를 태워 만들어진 전기로 제품을 생산할 경우에도 적용될 예정이에요. 우리나라의 전력 생산에서 화석 연료가 차지하는 비중은 64퍼센트에 달해요. 태양광과 풍력 등 재생 에너지는 5퍼센트가 안 돼요. 이대로 가면, 국내 제품 중 일부는 탄소국경세 때문에 수출 길이 막힐 수도 있어요. 탄소세와 탄소국경세는 거스를 수 없는 흐름이 되고 있어요. 우리나라 정부는 국제 무역 환경의 변화에 맞춰 재생 에너지 생산을 늘리고 하루빨리 탄소세를 도입해야 해요.

EP.4 <u>탄소 예산</u>

    지구의 평균 기온이 특정 온도 이상 올라가지 않는 범위 안에서 배출할 수 있는 탄소의 총량을 '탄소 예산'이라고 해요. 예를 들어, 산업혁명 이전보다 기온이 1.5도 이상 올라가지 않게 막는다면, 탄소 예산은 2024년에 고갈된다고 해요. 이 말은 기온 상승 폭을 1.5도 안쪽으로 묶어 두려면 2025년부터 온실가스 순 배출량이 제로[0]가 되어야 한다는 거예요.

    문제는 가난한 나라들도 과거의 선진국처럼 산업화를 통해 가난과 배고픔을 벗어나려 한다는 거예요. 하지만 산업화의 과정에서 온실가스가 대량 배출되고 탄소 예산은 금세 고갈될 거예요. 그렇다고 이들에게, 당신들의 산업화는 기후 위기를 재촉할 뿐이니 하지 말라고 강요하는 것은 옳지 않아요.

    이 문제를 풀려면, 선진국이 먼저 경제적 보상을 해야 돼요. 예를 들어, 남미의 가난한 나라 에콰도르에는 야수니 국립공원이 있어요. 그런데 아마존 열대 우림에 자리한 야수니의 땅

Episode

밑에는 많은 양의 석유가 묻혀 있어요. 석유를 개발하면 큰돈을 벌 수 있어요. 하지만 그 과정에서 막대한 온실가스가 나올 거예요. 이에 에콰도르 정부는 국제 사회에 제안을 했어요. 석유 개발을 포기하는 대신 36억 달러의 국제 기금을 조성해 준다면 야수니 열대 우림을 개발하지 않겠다고 말이에요. 하지만, 2007년부터 6년 동안 모인 기금은 1300만 달러에 그쳤어요. 결국 에콰도르 정부는 석유를 개발하고 말았어요.

한번 망가진 기후는 쉽게 고쳐지지 않아요. 온실가스를 내뿜으며 여태껏 이득을 본 선진국은 온실가스를 배출할 기회조차 얻기 힘든 가난한 나라들에게 정당하게 보상해야 돼요.

⑤ 그린워싱

그린워싱green-washing이란, 친환경을 상징하는 그린green과 세탁을 의미하는 화이트 워싱white washing의 합성어로, 친환경이 아닌 것을 세탁해 친환경인 것처럼 꾸미는 이른바 '가짜 환경주의'예요.

그린워싱은 2007년 캐나다의 친환경 컨설팅 회사인 테라 초이스가 《그린워싱이 저지르는 여섯 가지 죄악》이라는 보고서를 발표하면서 알려졌어요. 예를 들어, 석탄 화력 발전소를 친환경으로 홍보하는 것은 '녹색 거짓말'이에요. 석탄 화력 발전소는 석탄의 생산은 물론 연소 과정에서 대량의 온실가스와 오염 물질을 배출하기 때문에 친환경이 될 수가 없어요.

그린워싱은 알맹이는 놔둔 채 껍데기만 그럴싸하게 포장한 거예요. 그린워싱을 하는 이유는 돈이 되기 때문이에요. 예

Keyword

를 들어, 우리나라의 한 등산복 전문 업체는 페트병을 재활용한 재생 섬유를 '모든' 상품에 적용한다고 홍보했어요. 하지만 '일부' 제품에만 적용한 것이 나중에 드러났어요.

요즘은 친환경이라고 하면 비싸도 사는 분위기이고, 더욱이 기업 이미지 개선에 도움이 돼요. 하지만 기업이 친환경을 실천하는 데에는 많은 시간과 비용이 들어가요. 그러다 보니 일부 기업들이 진정성 있는 노력보다 손쉬운 거짓말을 택해요. 문제는 그린워싱이 친환경을 실천하려는 기업들에 피해를 준다는 거예요.

최근 프랑스는 그린워싱으로 유죄를 받을 경우, 홍보 캠페인 비용의 80퍼센트까지 벌금을 내게 하는 법안을 통과시켰어요. 우리나라는 그린워싱으로 기업이 처벌받은 사례가 없어요. 하지만 친환경 욕심에 기업을 돋보이려 그린워싱을 했다가는 오히려 더 큰 화를 부를 수 있어요.

EP.5 ESG

ESG란 환경Environment, 사회Social, 지배 구조Governance의 첫 글자를 따서 만든 단어인데, 기업이 환경을 보호하고 사회적 책임을 다하며 지배 구조가 투명해야 지속가능하다는 뜻을 지니고 있어요.

기업이 제품을 만들고 서비스를 제공하는 과정에서 배출하는 온실가스가 기후를 악화시키고 있어요. 최근 투자자들은 환경과 사회 문제를 놔둔 채 성과만 내려는 기업에 등을 돌리고 있어요. 이런 변화 속에서 ESG의 가치, 예를 들어 탄소중립 목표와 이를 달성하기 위한 노력 등은 투자자들이 기업을 평가하는 중요한 기준으로 자리 잡고 있어요.

기업의 목표는 이윤에 있지만 환경에 미치는 영향도 생각해야 해요. ESG란 내일을 위해 오늘의 이익을 포기하는 것이 아니에요. 이를테면, 북미의 원주민들은 지난 2000년 동안 수컷 연어만 골라 사냥을 했어요. 암컷을 놔둔 이유는 내년에도 연어를 먹어야 하기 때문이에요. 기업이 살아남기 위해서라도 온실가스 배출을 줄이기 위해 노력하고(E), 산업 재해는 줄이고 장애인 고용률은 늘리는 등 사회적 가치를 실현하며(S), 투명한 지배 구조를 통해 대기업 회장 가족 등 특정인에게 경영권이 쏠리지 않게 막는 것이(G) 필요해요.

최근 우리나라 기업들의 ESG 실천은 일회용품 안 쓰기 등의 사회 공헌 수준에 머물고 있어요. 하지만 ESG는 이제 시대정신이에요. 탄소중립 달성이나 재생 에너지 확대 방안 등 실질적인 ESG가 아니면 제품 수출은 물론 투자도 받기 힘든 시대가 열리고 있어요. 진정성 있는 ESG가 필요한 때예요.

기후 영상 ▶

◆ KBS 다큐 인사이트 〈붉은 지구 4부-기후혁명〉

미국의 텍사스주는 겨울에도 영상 10도를 유지할 정도로 따뜻해요. 그
런데 2021년 2월, 텍사스주에 한파가 몰아닥쳤어요. 강추위로 전기가
끊기고 수도관이 터졌어요. 주민들은 마실 물과 먹을 음식을 찾아 돌
아다녀야 했어요. 한파는 첨단 기업도 강타했어요. 텍사스주의 주도
오스틴에 자리 잡은 삼성전자 반도체 공장도 한파로 전기와 물 공급이
끊기면서 한 달 이상 가동을 멈췄어요. 지구 반대편의 타이완(대만)에
서는 56년 만의 최악의 가뭄으로 저수지가 바닥을 드러냈어요. 물 부
족으로 세계 최대의 반도체 업체인 TSMC는 반도체 생산에 차질을 빚
었어요.

기후 위기가 경제를 위협하자 세계적인 투자 기업들은 석탄과 석유 산
업, 온실가스 배출량이 많은 기업에서 손을 떼기 시작했어요. 그러나
우리나라는 전국에 6기의 석탄 발전소를 추가로 짓고 있고, 베트남에
도 대규모 석탄 발전소를 건설 중에 있어요. 유럽과 미국은 탄소세를
준비하고 있어요. 탄소세는 탄소를 배출한 만큼 상품에 세금을 매기는
거예요. 이를 국제 무역에 적용하면 탄소국경세가 돼요. 세계는 기후

위기 대응을 위해 앞으로 나아가고 있는데 우리는 뒤로 물러나고 있어요. 지난 2020년 3월, 우리나라 청소년들이 정부의 소극적인 기후 대응이 국민의 기본권을 침해했다며 소송을 냈어요. 정부가 제 역할을 못하자 청소년들이 대신 나선 거예요.

〈붉은 지구 4부-기후혁명〉은 기후 위기가 첨단 기업과 금융에 끼치는 영향 그리고 기후 위기 극복에 혁명을 불어넣기 위해 노력하는 시민들의 모습을 담았어요. 기후 위기 대응을 함께 외쳐 달라는 청소년들의 목소리에 우리가 귀를 기울인다면, 미래를 위한 기후 혁명 노력은 결코 헛되지 않을 거예요.

기후 단체

◆ 기후위기 비상행동

기후위기 비상행동은 우리의 생존을 위협하는 기후 문제를 시민들에게 알리고 기후 위기에 적극적으로 대응하기 위해 2019년 조직된 연합 단체예요. 우리나라의 청소년과 환경, 장애인, 인권, 노동, 교육, 종교 등 각계각층의 시민단체는 물론 개인들도 기후위기 비상행동에 참여하고 있어요.

기후위기 비상행동은 매년 세계 기후 행동의 날을 맞아 '기후 정의 행진'을 벌여요. 2019년 9월에 서울을 비롯한 전국에서 6500여 명이 모여 대중 집회와 시위를 펼친 바 있어요. 하지만 코로나 19 대유행으로 잠시 행사를 멈추었어요. 2022년 9월 24일, 3년 만에 열린 '기후 정의 행진'은 '기후 재난, 이대로 살 수 없다'는 슬로건을 내걸고 서울광장 일대에서 3만 5000여 명, 360여 개 단체가 참가하는 대규모 행진을 벌였어요. 기후위기 비상행동은 사회적 변화를 이끌어 내기 위해 비폭력 행동주의를 추구하고 있어요.

◆ 소비자 기후행동

소비자 기후행동은 사회 변화를 이끌어 내려는 시민들의 자발적인 참여로 만들어진 소비자운동 단체로 2021년에 출범했어요. 단체의 주요 활동은 음식물 쓰레기를 줄이고 채식 문화를 확산시키며 플라스틱을 적게 쓰는 것 등이며, 생활 속의 작은 실천을 통해 기후 위기를 막자는 거예요. 소비자 기후행동은 2022년 8월 성명을 통해, 핵 발전 비중은 늘리고 반대로 재생 에너지 비중은 줄이는 정부의 에너지 정책을 비판하고 시대적 흐름에 맞춰 탄소 중립과 기후 위기 대응에 정부가 적극적으로 나설 것을 요구했어요.

기후 달력

◆ 세계 인권의 날: 12월 10일

2019년 12월 10일 세계 인권의 날에 유엔 인권최고대표는 "기후 위기는 제2차 세계 대전 이래 최악의 인권 위협"이라고 했어요. 인권이란 모든 사람이 지니고 있으며 누구도 빼앗을 수 없는 자유와 평등 그리고 존엄에 대한 기본적인 권리를 말해요. 1948년 12월 10일에 열린 유엔 총회에서 생명권과 건강권, 노동권, 주거권 등 30가지 조항을 담은 '세계 인권 선언'이 발표될 때 기후 위기가 인권에 위협이 될 거라고 상상한 사람은 없었을 거예요. 하지만 기후 위기는 이제 인권 문제가 되었어요. 기후 위기로 인한 영향과 피해가 우리의 삶과 기본권을 뒤흔들고 있기 때문이에요.

예를 들어, 2005년 허리케인 카트리나가 미국의 남동부 지역을 강타해 뉴올리언스의 제방이 무너지고 1500여 명의 사람이 목숨을 잃었던 것은 자연재해에 의한 참사였지만 인권의 문제이기도 해요. 심각한 피해는 주로 바닷가 근처의 저지대에 거주하던 흑인 빈곤층이 입었기 때문이에요. 반면에 고지대에 거주하던 부유한 백인들은 대부분 침수 피해에서 벗어났어요. 빈곤층 지역에 설치된 부실한 제방은 인종 차별과 경제 불평등의 결과였어요.

기후 위기는 모두에게 오지만 그 재난의 크기는 평등하지 않아요. 기후 위기가 심각해질수록 불평등은 더욱 커질 거예요. 기후 재난의 불평등을 줄이기 위해 우리 모두 인권이라는 프리즘으로 기후 위기를 바라볼 필요가 있어요.

◆ 아무것도 사지 않는 날: 11월 마지막 주 토요일

'아무것도 사지 않는 날'은 1992년 캐나다의 테드 데이브라는 광고인이 만들었어요. 그는 자신이 만든 광고가 사람들의 소비 심리를 자극한다는 것을 깨닫고 이 캠페인을 시작했다고 해요. 미국에서는 11월 마지막 주 금요일이 '아무것도 사지 않는 날'인데 일 년 중 가장 큰 폭의 세일이 시작되는 블랙 프라이데이 다음 날이라고 해요. 우리나라에서는 11월 마지막 주 토요일이 아무것도 사지 않는 날인데, 1999년 환경 단체인 '녹색연합'이 처음 제안하고 생태 환경 잡지 《작은 것이 아름답다》와 함께 캠페인을 진행했어요. 캠페인의 목적은 소비를 잠시 멈추고, 환경을 생각하지 않은 우리의 소비 때문에 망가지고 있는 지구의 숲과 바다, 그리고 기후를 돌아보자는 거예요.

아무것도 사지 않는 날은 오늘 소비할 것을 내일이나 모레로 미루는 날이 아니에요. 물건을 사기 전에, 이게 정말 필요한지, 충동구매는 아닌지 자신에게 묻는 습관을 들이자는 거예요. 이걸 내가 만들 수 있다면, 지금 갖고 있는 물건을 재사용하거나 재활용할 수 있다면 굳이 물건을 살 필요는 없을 거예요.

Keyword

6장 농사와 미래 세대

❶ 사라지는 음식들

기후 위기의 영향으로 우리가 먹던 음식들이 점차 사라지고 있어요.

기온이 오르면서 작물 생산량이 줄고 병해충마저 늘고 있어요. 우리가 즐겨 먹는 감자와 꿀, 사과, 고추 등도 생산량 감소 위기에 처했어요. 기후 위기가 계속되면 초콜릿과 커피도 맛보기 힘들다고 해요.

초콜릿의 원료인 카카오는 덥고 강수량이 많은 열대 우림의 그늘 속을 좋아해요. 하지만 기온이 오르고 강수량은 줄면서 카카오가 고통 받고 있어요. 특히 전 세계 카카오의 절반을 생산하는 아프리카의 코트디부아르와 가나의 상황이 심각한데, 기온이 계속 오르면 2050년에는 카카오를 거의 재배할 수 없다고 해요. 물론 카카오는 다른 곳에서도 재배되고 있기 때문에 초콜릿이 금방 사라지지는 않을 거예요. 하지만 카카오 생산이 줄고 초콜릿 가격이 오르면 값비싼 사치품이 될 수도 있어요.

커피 또한 비슷한 운명에 처했어요. 커피나무는 평균 기온이 0.5도만 올라도 부정적인 영향을 받는다고 해요. 최근 커피나무 전 품종에 걸쳐 멸종 위험이 60퍼센트 가까이 올라갔어요. 다행히 2021년에 고온에서도 잘 자라는 야생 커피나무를 발견해 연구 중이라고 해요.

주요 식량 작물인 감자도 위기예요. 남미에 위치한 안데스산맥은 감자의 원산지로 건조하고 선선한 기후를 지녔어요. 그런데 최근 고온 현상으로 감자들이 병들고 해충도 늘었다고 해요. 이대로 가다가는 수천 종의 야생 감자가 안데스에서 자취를 감출 수 있어요. 유용하고 맛난 음식들이 추억 속으로 사라지지 않도록 기후 위기에 적극 대응해야겠어요.

EP.1 스발바르 국제종자저장소

스발바르 국제종자저장소란, 노르웨이의 스발바르 군도에 위치한 씨앗 보관소예요. 사방이 빙하로 둘러싸인 외딴섬의 바위산 130미터를 뚫고 설치되었으며 항상 영하 18도를 유지해요. '인류 최후의 날 저장소'라는 별명에 걸맞게 전 세계에서 보내온 곡물 종자의 3분의 1이 이곳에서 겨울잠을 자고 있어요. 우리나라에서도 2008년 처음으로 벼, 보리, 콩, 옥수수 종자 등 5000여 점을 위탁한 이래 2021년까지 44종 2만 3185개의 종자를 이곳에 보관하고 있어요.

씨앗은 살아 있기 때문에 싹이 나지 않게 하려면 영하 18도, 습도 40퍼센트 이하를 유지해야 해요. 그런 점에서 스발바르 국제종자저장소는 영구 동토층 깊숙한 곳에 자리 잡은 '자연 냉동고'로 최적의 조건을 갖추었어요. 경제가 나빠지거나 전쟁이 일어나도 씨앗을 보관할 수 있고 핵폭탄과 소행성 충돌에도 끄떡없다고 해요. 그런데 2016년 북극 기온이 급격히 올라 저장소 입구 쪽에 물이 스며든 적이 있어요. 심각한 수준은 아니었지만 이곳의 영구 동토층마저 녹았다는 것은 기후 위기가 우리의 먹거리마저 위협한다는 것을 의미해요.

씨앗을 잃는 것은 미래를 잃는 거예요. 어떤 품종이 폭염과 가뭄을 이겨 내고 미래 기후에 적응할지 지금은 알 수 없어요. 생물다양성을 확보하는 것은 그래서 중요해요. 6만여 점의 씨앗을 보관 중인 국립백두대간수목원의 종자 저장소가 작물뿐 아니라 야생 종자를 함께 저장한 이유예요.

물론, 종자를 영구 보관하는 것은 불가능해요. 저장 기간이 길어질수록 씨앗은 싹을 못 틔우기 때문이에요. 씨앗을 안전하게 저장하는 방법은 계속 재배해서 씨앗을 받는 거예요. 무엇보다, 우리가 기후 위기를 늦출 수 있다면 저장소의 문을 열어 씨앗을 꺼내는 사태는 절대 일어나지 않을 거예요.

❷ 축산업

축산업이란, 가축을 기르고 이용하는 산업을 말해요.

축산업이 전 세계 이산화탄소 배출량에서 차지하는 비중은 14.5퍼센트라고 해요. 가축을 먹일 사료 재배부터 육류 가공, 유통, 판매 그리고 폐기에 이르는 전 과정을 분석한 결과예요. 축산업 규모를 줄이고 식탁에서 고기를 덜어 내는 것은 우리가 기후 위기에 적응하는 최선의 방법 중 하나예요.

육류 1킬로그램이 만들어지는 과정에서 닭고기는 5킬로그램, 돼지고기는 7.9킬로그램의 이산화탄소를 배출한다고 해요. 소고기는 자그마치 26.5킬로그램을 배출해 식품 중 1위예요. 전 세계 포유동물의 총무게에서 가축이 차지하는 비중은 무려 60퍼센트에 달해요. 인간은 36퍼센트이고, 야생 포유동물은 4퍼센트에 불과해요. 단일 산업 분야 중 축산업보다 더

Keyword

많은 온실가스를 배출하는 데는 없어요. 축산업이 지속 가능하려면 우선, 규모를 줄여야 해요. 2022년부터 유럽 최대 육류 수출국인 네덜란드는 육류 생산을 30퍼센트 넘게 줄인다는 목표로 축산업 축소 정책을 펼치고 있어요.

영국의 기후변화위원회는 2030년까지 모든 고기와 유제품 소비를 20퍼센트 줄이고 그 비율을 2050년까지 35퍼센트 줄이라고 권장하는 보고서를 2021년 6월 의회에 제출했어요. 그린피스는 유럽이 2050년까지 탄소중립을 달성하려면 1인당 연간 육류 소비를 24킬로그램으로 줄여야 한다고 지적했어요. 육류 소비를 줄이지 않은 채 기후 위기를 늦추는 것은 사실상 불가능하다는 거예요.

EP.2 대체육

2050년이면 세계 인구는 100억 명 가까이 불어난다고 해요. 식습관에 변화가 없다면 인구 증가에 비례해 육류 소비도 늘어날 거예요. 유엔은 국제 육류 수요가 2007년부터 2050년까지 연평균 1.7퍼센트씩 증가할 것으로 예측했어요. 육류 소비가 늘고 축산 규모가 커질수록 온실가스 배출량도 함께 늘어날 수밖에 없어요.

기후를 악화시키지 않고 육류 소비 증가에 대응하는 방법 중 하나는 대체육을 먹는 거예요. 대체육이란 고기를 대신하는 식품을 말해요. 예를 들어 식물성 대체육 중 하나인 콩고기는 콩과 밀, 감자 등의 곡물 단백질에 코코넛과 코코아 등을 섞어 진짜 고기처럼 만든 거예요. 동물성 대체육은 식용 곤충으로 만들어요. 대표적인 식용 곤충으로 아메리카왕거저리 애벌레, 귀뚜라미, 번데기, 풀무치 등이 있어요. 특히 곤충은 소나 돼지 등에 비해 훨씬 경제적이고 온실가스도 덜 배출해요.

예를 들면, 식품 1킬로그램을 생산할 때 소는 10킬로그램, 돼지는 5킬로그램, 닭은 2.5킬로그램의 사료가 필요하지만, 곤충은 1.7킬로그램 정도면 충분해요. 무엇보다 곤충은 소와 비교해 10분의 1 정도의 온실가스만을 배출한다고 해요.

최근에는 동물의 근육 세포를 실험실에서 배양해 만든 배양육이나 미생물 단백질도 개발되었어요. 하지만 이런 대체육은 온실가스 배출량이 많거나 유전자 조작의 가능성을 안고 있어요. 한편, 콩고기나 식용 곤충은 맛과 영양이 풍부하고 안전하며 온실가스도 적게 배출하기 때문에 기후 위기 시대에 적합한 단백질 공급원으로 인정받고 있어요.

❸ 식물공장

식물공장이란, 빛과 온도, 습도 등의 재배 환경을 컴퓨터로 조절해 작물을 연속적으로 생산하는 시설을 말해요.

식물공장은 외부와 격리된 공간이기 때문에 날씨와 계절의 영향을 크게 받지 않아요. 또 인공 광원으로 24시간 광합성이 가능해 생산성이 높고, 병해충 예방에도 유리해요. 하지만 인위적인 재배 환경을 유지하기 위해 대량의 에너지를 소비하고 경제성마저 떨어지는 단점이 있어요.

이상기후와 고령화로 농사짓기 어려워지는 농촌에서 기존 농업에 IT 기술을 접목시킨 스마트팜 또는 식물공장은 미래 농업의 대안으로 여겨지고 있어요. 하지만, 식물공장은 장점만큼이나 단점도 커요. 예를 들어 1킬로그램의 상추를 생산할 때 무려 15킬로그램의 이산화탄소가 나와요. 비닐하우스 등의 시설에서 상추를 재배할 때보다 식물공장은 에너지를 63배 사용하고 온실가스는 58배 더 배출한다고 해요. 기후 위기로 식물공장의 필요성은 커지고 있지만, 역설적으로 식물공장을 설치할수록 기후는 더 악화될 수 있어요.

경제성도 식물공장의 걸림돌이에요. 센서와 기계, 컴퓨터가 결합된 완전 자동화는 기술적으로는 가능해요. 하지만 경제적이지 않아요. 야채나 과일을 수확하거나 약을 뿌리고 병든 잎을 잘라 내려면 여전히 사람의 손길이 필요해요. 벼나 밀, 옥수수 등 식량 작물을 경제적인 이유로 재배하지 못하는 것도 식물공장의 한계예요. 물론 식물공장의 미래가 어두운 것만은 아니에요. 다만, 재생 에너지와 결합하고 경제성을 갖춘 식물공장이 나올 때까지 당분간 기다려야 할 것 같아요.

EP.3 GMO

GMO^{Genetically Modified Organism}란, 유전자를 조작하거나 편집해서 만든 유전자 변형 식품을 말해요. 유전자는 요리책에 적힌 조리법과 비슷해요. 조리법을 응용해서 재료를 넣고 빼면 요리의 맛과 향이 달라지듯이, 유전자를 넣고 빼고, 편집하면 전과는 다른 생명체가 탄생해요. 예를 들어, 차가운 북극해에 서식하는 넙치의 유전자를 넣은 딸기나 토마토는 서리가 내려도 죽지 않아요. 지금까지 GMO는 생산량 증대, 저장 기간 연장, 영양성분 추가 등 상품성을 높이는 기능에 주목했어요. 하지만 기후 위기가 심각해지면서 GMO의 목표에도 변화가 일고 있어요.

예를 들어, 카카오나무의 서식지가 전보다 덥고 건조해지면서 카카오가 위기에 몰렸어요. 그러자 미국의 한 초콜릿 기업이 '유전자가위' 기술을 이용해 새로운 기후에서도 잘 자라는 카카오를 개발하겠다고 발표했어요. 이밖에도 고온 건조해진

Episode

기후에 적응하는 밀과 옥수수 등이 개발되었고, 온실가스를 발생시키는 질소 비료에 의존하지 않고도 잘 자라는 벼 등이 연구되고 있어요. 또한 야생 감자 수천 종을 대상으로 기후 위기에 적응하는 유전자를 찾는 연구가 진행 중이라고 해요. 이제 기후 적응은 GMO의 새로운 목표가 되었어요.

최근 기후 위기로 식량난이 불거지면서 GMO 재배를 허용하자는 목소리가 커지고 있어요. GMO를 통해 식량 생산을 늘리자는 거예요. 현재 우리나라와 유럽의 여러 나라들은 GMO 재배를 금지하고 있어요. 그런데 식량난의 원인은 생산 부족이 아니에요. 지금도 식량 생산은 충분해요. 세상의 절반이 굶주리는 이유는 정의로운 분배가 이루어지지 않기 때문이에요.

농사와 미래 세대

❹ 도시 농업

도시 농업이란, 도시에서 하는 모든 농업 활동을 말해요.

도시 농업은 건물의 옥상과 벽면, 아파트 베란다, 실내, 지하 공간 등 흙이 있는 곳이면 어디든지 가능해요. 그런데 재배 중심의 도시 농업 활동으로 줄일 수 있는 온실가스는 많지 않아요. 오히려 먹거리와 기후에 대한 생각의 변화를 이끌어 내는 데에 도시 농업의 진정한 가치가 있어요.

농부는 인류 최초의 직업이며, 농업은 인류의 가장 오래된 산업이에요. 수천 년 동안 인류는 자연의 힘을 빌려 작물을 재배하고, 가축을 길러 낸 농부로 살아왔지만 오늘날 도시민은 그러한 삶으로부터 멀어지고 말았어요.

그런데 도시에 농부가 돌아오고 있어요. 이들은 자투리땅에서 상추와 토마토, 감자 등 채소를 재배하고 심지어 벼농사도 짓고 있어요. 옥상에서 벌을 치기도 해요. 도시 농부들이 흙을 만지고 함께 어우러지면서 공동체가 살아나고 있어요. 지금 전국에는 200만 명의 도시 농부가 있어요.

도시 농업을 하면 화학 비료 사용과 장거리 수송 등 먹거리 산업에서 발생하는 온실가스를 줄일 수 있어요. 하지만 그 양은 많지 않아요. 오히려 도시 농업의 진정한 가치는 우리가 산업화의 틀에 갇혀 버린 먹거리를 이해하며 기후 위기의 심각성과 채식의 필요성을 깨닫는 것에서 찾을 수 있어요.

기후 위기가 두려운 이유는 인류의 생존이 달린 먹거리를 위협하기 때문이에요. 흙은 생명의 근본이며 공기 중의 탄소를 흡수, 저장하는 거대한 창고예요. 도시 농업은 흙을 살리고 사람을 살리며 기후 위기에 맞서는 운동이에요.

식량 주권이란, 간단히 말해서 우리의 먹거리를 우리가 결정할 권리를 말해요. 2020년 기준으로 우리나라의 식량 자급률은 46퍼센트 정도였어요. 하지만 가축을 먹일 사료를 빼고 나면 곡물 자급률은 20퍼센트로 뚝 떨어져요.

특히 쌀을 제외한 우리나라의 곡물 자급률은 3.2퍼센트 수준에 불과해요. 콩 7.5퍼센트, 옥수수 0.7퍼센트, 밀 0.5퍼센트로 곡물 대부분은 수입에 의존하고 있어요. 다행히 쌀은 거의 자급이 가능해요. 하지만, 커피 값보다 못한 것이 쌀이에요. 흉년도 힘들지만 풍년에 쌀값이 폭락하면 농민들 마음에 흉년이 들어요. 어떤 사람은 쌀 소비량이 줄어든 만큼 벼농사도 줄여야 한다고 주장하기도 해요. 하지만 벼농사를 경제 논리만으로 바라볼 수 없어요. 쌀 소비량이 아무리 줄었어도 우리의 주식은 쌀이에요. 식량 생산에 소홀한 나라는 세상 어디에도 없어요. 미국의 식량 자급률은 120퍼센트, 캐나다는 192퍼센트이고 중국도 91퍼센트에 달하고 있어요.

　2022년, 러시아는 밀 수출을 금지시켜 국제 밀 가격을 급등시켰어요. 식량을 무기로 쓴 거예요. 기온이 1도 오를 때마다 쌀, 밀, 옥수수 등의 생산량은 최대 16퍼센트씩 줄어든다고 해요. 우리가 식량을 자급하지 않으면, 전쟁과 기후 위기 등으로 식량난이 발생했을 때 꼼짝없이 당할 수밖에 없어요. 먹고 사는 것은 중요한 문제예요. 반도체나 자동차가 식량을 대신하지 못해요. 기후 위기 시대에는 농업이 기간산업이에요. 식량 자급률을 올리고 우리 농업과 농부들을 지키는 것이야말로 식량 주권을 지키고 우리의 생명을 지키는 일이에요.

⑤ 미래를 위한 금요일

미래를 위한 금요일이란, 기후 행동에 나선 세계 청소년들의 연대 모임이에요.

2018년 8월 당시 16살이던 스웨덴의 기후 운동가 그레타 툰베리는 국회의사당 앞에서 '기후를 위한 학교 파업'이라고 쓴 손 팻말을 들고 1인 시위를 시작했어요. 기후 위기 대응을 요구하며 매주 금요일 등교를 거부하는 툰베리의 작은 날갯짓은 나비효과를 일으키며 전 세계로 퍼져 나가 청소년 연대 모임인 '미래를 위한 금요일FFF'로 이어졌어요. 2019년 '미래를 위한 금요일'은 전 세계 125개국 2000여 도시에서 수백만 청소년의 동맹휴학을 이끌어 내는 등 전 세계의 기후 행동을 주도하고 있어요.

툰베리는 2018년 제24차 유엔 기후변화협약COP24에서 "당

Keyword

신들은 자녀를 가장 사랑한다 말하지만, 기후 변화에 적극적으로 대응하지 않는 모습으로 자녀들의 미래를 훔치고 있다." 고 외쳤어요. 2019년 9월 미국에서 열린 기후 파업 현장에서 청소년들이 든 손 팻말 글귀는 '당신은 나이를 먹어 죽겠지만 우리는 기후 위기로 죽을 것이다.'였어요.

세계 각국의 탄소중립 약속에도 불구하고, 온실가스는 줄지 않았어요. 지금이라도 정부와 기업이 변해야 해요. 정부는 투표로, 기업은 불매운동으로 변화시킬 수 있어요. 하지만 경제는 성장해야 하고, 기업은 이윤을 남겨야 한다는 현실론에 부딪치고 말아요. '미래를 위한 금요일'은 기후 파업을 통해 세상을 바꾸려 해요. "지구를 구하라, 미래를 구하라."라는 청소년들의 외침에 정부와 기업은 귀를 기울여야 해요.

농사와 미래 세대

EP.5 <u>미래 세대</u>

    한 조사에 따르면, 호주의 어린이 4분의 1은 자신들이 성인이 되기 전에 세계가 멸망할 것으로 생각한다고 해요. 태어나 보니 기후 위기 세대였다는 말처럼, 미래 세대의 앞에는 기후 위기라는 가시밭길이 놓여 있어요. 하지만 기후 위기가 미래 세대의 함정이 되거나 그들의 삶의 부분으로 남겨지면 안 돼요. 지금 우리가 세상을 변화시키지 않으면 그 피해는 미래 세대가 고스란히 겪을 수밖에 없어요.

    화석 연료에 익숙한 세상과 헤어지는 것은 쉽지 않아요. 우리가 재생 에너지를 중심으로 세상을 재구성하고, 온실가스를 덜 배출하는 저소비 문화를 도입하려면 시간이 걸려요. 하지만 시간은 우리를 기다려 주지 않아요. 기후 위기는 미래로 갈수록 커지기 때문이에요. 안타깝게도, 미래 세대는 기후 위기에 대응할 시간조차 없어요.

    미래의 기후를 바꾸려면 우선, 개개인이 자신의 삶을 변화시키는 것이 필요해요. 하지만, 언론과 정치가 바뀌는 것이 무엇보다 중요해요. 언론은 문제를 공론화시켜 해결하는 공간이에요. '기후 위기 대응을 국정 과제 1순위로'와 같은 의견이 뉴스에 오르내리고 시민들 사이에서 토론이 벌어지려면 언론이 바뀌어야 해요. 한편, 시민들은 기후 위기에 적극 대응하는 정치가를 뽑아야 해요. 미래에 남겨질 불평등과 기후 위기를 생각한다면, '미래를 위한 금요일'과 같이 미래 세대의 목소리를 담아낼 정치 세력화도 필요해요. 미래 세대를 이끌어 갈 오늘의 청소년은 미숙한 존재가 아니에요. 기후 위기의 해결 주체로 청소년이 우뚝 서는 것은 그래서 더욱 소중해요.

기후 영상 ▶

◆ 다큐멘터리 영화 〈그레타 툰베리〉

인간의 경제 활동은 기후 위기의 원인이에요. 과학계가 증명했고 수많은 기상 이변이 이를 뒷받침하고 있어요. 해결 방안은 나와 있어요. 온실가스 배출은 줄이고 흡수는 늘리는 거예요. 석탄과 석유, 천연가스를 땅속에 묻어 두고 재생 에너지를 쓰며 숲과 바다를 보전하면 돼요. 그런데 기성세대는 이런 사실을 알고도 행동하지 않았어요.

그레타 툰베리는 기후 위기를 모른 척하는 기성세대를 이해할 수 없었어요. 자연이 파괴되고 인류에게 위기가 닥치고 있지만 아무것도 할 수 없다는 무력감에 마음이 아팠어요. 그러다 깨달았어요. 지금 포기하는 것은 이르다고. 2018년 8월의 어느 날 툰베리는 학교에 가는 대신, 스웨덴 국회의사당 앞으로 갔어요. 선거에서 기후 문제를 다루기를 요구했어요. 사람들에게 전단지를 나눠 주며 동참을 호소했어요.

다큐멘터리 영화 〈그레타 툰베리I Am Greta〉는 툰베리가 기후 행동에 나서게 된 계기와 세계적인 기후 활동가로 성장하는 과정을 그리고 있어요. 영화의 후반부에는 툰베리가 기후회의에 참석하기 위해 소형 태양광 요트를 타고 보름에 걸쳐 대서양을 건너는 장면이 나와요. 거친

파도에 시달리며 툰베리는 울먹였어요. 평범한 일상생활을 그리워하고 강아지들도 보고 싶어 했어요. 책임감 때문에 어깨가 무겁고 감당하기 힘들다고도 했어요. 하지만 툰베리는 먼저 위험을 발견한 사람으로서 위험 경보를 울릴 책임이 있다고 생각했어요. 툰베리는 그것을 자신의 임무로 여겼어요.

2019년 9월 뉴욕에서 열린 기후회의에서 툰베리는 소리쳤어요. "미래세대의 모든 눈이 당신들 기성세대를 향해 있고 우릴 기만한다면 절대 용서하지 않겠습니다." 기후 행동으로 우리 모두가 응답할 때예요.

기후 단체

◆ 비아캄페시나

비아캄페시나La Via Campesina는 1993년 국제무역기구WTO와 국제통화기금IMF, 다국적 농업 기업 등이 주도하는 신자유주의 농업 시스템에 맞서기 위해 설립된 국제 농민 단체예요. 비아캄페시나는 스페인어로 '소농의 힘'이에요. 소농은 소규모로 농사짓는 농민인데, 전 세계 82개국, 181개 조직, 3억 명 가까운 소농이 비아캄페시나에 가입해 서로 협력하고 있어요. 우리나라에서는 전국농민회총연맹과 전국여성

농민회총연합이 2004년부터 가입해 활동하고 있어요.

비아캄페시나는 소농의 권리를 지키는 것이야말로 농업의 세계화를 막고 한 나라의 식량 주권을 지킬 수 있으며 기후 위기를 늦출 수 있다고 강조하고 있어요. 김정열 비아캄페시나 동남동아시아 국제조정위원의 주장에 따르면, 소농이 지켜 온 농생태적 생산 방식, 생물다양성과 직결되는 토종 씨앗을 지키는 농민의 권리 향상, 전 지구적 먹거리 체계가 아닌 지역 중심 먹거리 체계가 기후 위기에 대응하는 진정한 해결책이라고 해요.

◆ 청소년기후행동

청소년기후행동은 2018년 8월 기후 위기의 심각성을 깨달은 청소년들의 작은 모임에서 시작한 단체로, 2019년 3월 '미래를 위한 금요일'과 함께한 결석 시위를 계기로 본격적인 기후 대응에 나섰어요. 청소년기후행동은 2020년 3월에 '정부의 불충분한 기후 대응이 청소년들의 기본권을 침해한다.'는 내용의 헌법 소원을 제기해 정부가 온실가스 감축 목표를 강화할 것을 요구했어요. 또한 전국의 교육청에도 기후 위기 대응을 요구해 '탈석탄 금고' 선언을 이끌어 내기도 했어요. 탈석탄 금고 선언이란, 교육청이 석탄 개발에 투자하지 않는 은행과 우선적으로 거래한다는 것을 말해요. 청소년기후행동은 2022년 대통령 선거에서 정치권을 향해 기후 위기에 맞설 것을 요구하고 기후 정책도 제안하는 등 적극적인 활동을 펼쳤어요.

청소년기후행동의 활동은 기후 위기의 직접적인 피해자인 청소년들이 당사자의 목소리를 냈다는 점에서도 큰 의미가 있어요. 청소년은 기후 운동의 대상이 아니라 주체이기 때문이에요. 성인이 된 이후에 기후 문제를 해결하려면 이미 늦어요. 청소년기후행동은 지금 당장, 여기에서 변화를 만들어 내기 위해, 다른 세상을 위해 틀을 깨고 담대한 전환을 그리며 나아가고 있어요.

기후 달력

◆ 세계 식량의 날: 10월 16일

세계 식량의 날은 1979년 10월 16일 유엔식량농업기구FAO가 인류의 기아와 영양실조 등의 문제를 해결하기 위해 제정한 날이에요. 식량은 기후 위기와 떼어 놓고 생각할 수 없어요. 2021년 세계식량계획WFP에 따르면, 지구의 평균 기온이 산업화 이전보다 2도 상승하면 약 1억 8900만 명이 기아에 시달릴 것이라고 해요. 기온이 오르면 가뭄과 홍수는 물론 병균과 해충에 의한 피해가 늘어날 수밖에 없어요. 이는 식량 생산량의 감소로 이어질 수 있어요.

물론, 식량 위기를 부르는 것은 기후 위기 때문만은 아니에요. 인구 증가와 정의롭지 못한 분배도 한몫해요. 세계 인구는 2022년에 80억 명을 돌파했어요. 인류는 2050년이면 약 100억 명의 식탁을 차려야 해요. 그만큼 식량 생산도 늘려야 해요. 하지만 그보다 더 중요한 것은 분배예요. 예를 들어, 세계식량계획은 아프리카의 케냐에 식량 원조가 필요하다고 밝힌 바 있어요. 그런데 케냐는 식량 수출국이에요. 2010년에도 30억 달러 이상의 식량을 수출했어요. 식량을 수출한 회사는 케냐인 소유가 아닌 다국적 대기업들이에요. 케냐에 필요한 것은 식량 증산이 아니라 정의로운 분배예요.

매년 생산되는 음식은 40억 톤이에요. 그중 3분의 1은 식탁에 오르기도 전에 버려지고 있어요. 심지어 포장도 뜯지 않고 버려지는 음식도 많아요. 끼니 걱정을 하는 수억 명의 사람들이 먹을 수 있는 양이에요. 식량 증산에 앞서 정의로운 분배와 음식의 소중함을 깨닫는 것은 기후 위기 시대를 살아가는 커다란 지혜가 될 거예요.

◆ 세계 기후 행동의 날: 9월 셋째 주 또는 넷째 주 토요일

세계 기후 행동의 날은 2018년 기후 운동가 그레타 툰베리가 스웨덴의 국회의사당 앞에서 시작한 1인 시위, 이른바 '기후를 위한 학교 파업'에서 시작되었어요. 지금까지 매년 9월 셋째 주 또는 넷째 주 토요일에 청소년을 포함한 전 세계 수백만 명의 시민이 모여 기후 위기 대응을 촉구하는 시위를 벌이고 있어요. 세계 기후 행동의 날은 기후 위기가 끝나는 날까지 계속될 거예요.